권력이란 무엇인가

WAS IST MACHT?
by Byung-Chul Han

WAS
IST
MACHT?

권력이란
무엇인가

한 병 철
김남시 옮김

문학과지성사

권력이란 무엇인가

제1판 제1쇄 2011년 12월 23일

제1판 제6쇄 2015년 5월 27일

제2판 제1쇄 2016년 6월 29일

제2판 제7쇄 2024년 2월 20일

지은이 한병철

옮긴이 김남시

펴낸이 이광호

펴낸곳 ㈜문학과지성사

등록번호 제1993-000098호

주소 04034 서울 마포구 잔다리로7길 18(서교동 377-20)

전화 02) 338-7224

팩스 02) 323-4180(편집) 02) 338-7221(영업)

전자우편 moonji@moonji.com

홈페이지 www.moonji.com

ISBN 978-89-320-2885-9 93100

이 도서의 국립중앙도서관 출판예정도서목록(CIP)은 서지정보유통지원시스템 홈페이지
(http://seoji.nl.go.kr)와 국가자료공동목록시스템(http://www.nl.go.kr/kolisnet)에서
이용하실 수 있습니다. (CIP제어번호: CIP2016014527)

한국인들에게 권력이 매우 부정적인 어감을 갖게 된 것은 한국의 특수한 역사 때문일 것이다. 폭력적인 식민 지배와 그 뒤를 이어 수십 년 동안 지속된 독재의 역사는 한국인들이 권력을 대하는 태도에 흔적을 남겼다. 그래서 권력은 억압이자 부자유로, 맞서 싸워야 할 대상으로 여겨지고 있다. 그리고 권력에 대한 이러한 부정적 인식이 권력의 긍정적인 표현 형태들을 덮어 가리고 있다. 권력 개념을 협소하게 만들고 그것을 일방적으로 불신하는 경향에 맞서, 이 책은 억압과 자의를 훨씬 넘어서는 권력 발휘 내부에서의 다양한 구분과 차이를 설명하려 한다.

무엇보다 이 책이 보여주려 하는 것은 권력이 폭력과는 근본적으로 다르다는 사실이다. 물론 권력은 자신에 대한 저항을 진압하기 위해 폭력을 사용할 수도 있다. 하지만 저항은 이미 그 권력이 약화되는 순간에 일어난다. 권력자가 무자비한 폭력을 필요로 한다면, 그의 권력 기반은 이미 허약해져 있는 것이다. 그에 반해 강력한 권력자는 권력을 펼치기 위해 폭력에 의존하지 않는다. 폭력과 혼란은 포괄적인 권력이 부재하는 곳에서, 권력의 담지자여야 할 정치적 혹은 사회적 심급과 기관이 붕괴하는 곳에서 확산되는 것이다. 긍정적 형태로서의 권력은 형성하고 산출해내며 질서를 부여한다. 권력은 폭력과는 반대로 생산적이다. 권력은 혼란이 생겨나는 것을 막는다.

오늘날 사회가 점점 복잡해지면서 권력은 급속하게 그 힘Macht을 잃어가고 있다. 권력은 더 이상 사회적 커뮤니케이션을 지배하는 매체가 아니다. 적어도 서구 사회에서 정치가는 더 이상 고전적 의미의 권력자가 아니다. 오늘날의 정치가들은 권력을 갖고 있기보다는 더 많은 강제와 의존성을 갖는다. 그들이 자의적으로 행동하고 결정할 가능성은 크게 제한되어 있다. 무제한적인 권력이 원리적으로 권력자에게 무한한 결정과 형성 가능성을 열어주어야 하는데도 말이다. 나아가 현대 기업들의 내부 커뮤니케이션도 권력형 조직의 전형적 특성인 엄격한 위계 구조를 갖지 않는다. 그곳에서의 커뮤니케이션은 일방적이고 한 방향으로만 이루어지는 영향 행사 모델과는 점점 더 단절되고 있다. 오늘날의 현대 기업 커뮤니케이션에서 상급자는 하급자에게 그가 영향을 행사할 가능성을 더 많이 부여한다. 이러한 상호적 영향 행사 혹은 상호 의존성이 더 이상 권력적machtmässige이지 않은 커뮤니케이션 모델을 만들어내고 있다. 그리고 거기서 권력적 커뮤니케이션이 가질 수 없는 긍정적 힘들이 자라나올 수 있다.

힐러리 클린턴이 말한 "스마트 파워smart power"는 다른 사람들의 말을 **경청하고** 다른 사람들의 욕구와 요구에 응답하는 권력이다. 하지만 이는 오늘날의 세계 질서에서는 부시가 추구했던 권력 정책Machtpolitik이 더 이상 가능하지 않다는 고백이기도 하다. 권력은 근본적으로 독백적monologisch이다. 그리고 바로 여기에 권력의 결정적 약점이 있다. 권력자는 다른 사람의 말을 **들으려** 하지 않는다. 그는 대화를 하려고 하지 않는다. 권력에 종속되어 있는 자들만이, 즉 복종하고 있는 자들Hörigen만이 다른 사람의 말을 듣는다.

우리가 살고 있는 시대는 권력의 시대로부터 급속하게 멀어지고 있다. 권력은 단 하나의 목소리에 절대적 타당성을 부여할 때 가장 빛난다. 그런데 우리 시대는 다수의 목소리들의 시대다. 하지만 묶여지거나 매개 중재되지 않으면 다수의 목소리는 웅성거림Stimmengewirr에 그칠 뿐이며, 그것은 폭력이 벌어지는 장소가 될 수도 있다. 권력의 악마성Diabolie은 자기 목소리를 위해 다른 사람들의 목소리를 억압한다는 데 있다. 하지만 권력의 긍정적인 힘은 권력이 통솔하는 목소리를 통해 웅성거림을 **밝힌다**lichtet는 데서 나온다. 권력은 저 수많은 목소리들이 불협화음Kakaphonie으로 이어져 행위와 결정을 마비시키지 않게 한다.

아마도 권력의 시대는 지나갔을 것이다. 권력이라는 하나의 목소리는 다수의 목소리에 자리를 내주고 있다. 우리가 살아가는 시대는 권력을 통해 걸러지지 않는 모호한 영향력들과 복잡한 상호작용들이 넘쳐나는 시대이다. 하지만 바로 이러한 시대적 상황이 권력의 다양한 표현 형태들을 다시 상기할 필연성을 제기하고 있다. 그건 권력의 쇠퇴로부터 초래될 문제들을 우리가 겪지 않기 위한 것이다.

이 책의 출간을 가능하게 해주신 문학과지성사의 김수영 전前 사장에게 특히 감사드린다. 또한 이 책을 한국어로 옮기는 힘든 과제를 떠맡은 김남시 선생과 이 책이 출간되기까지 배려해준 박지현 님에게도 감사드린다.

들어가며

권력 개념은 아직까지도 이론적인 혼란에 빠져 있다. 권력이라는 현상 자체는 자명하지만 그 개념은 전혀 불분명한 것이다. 어떤 이들에게 권력은 억압을 의미한다. 다른 이들에게 권력은 커뮤니케이션을 구성하는 중심 요소이다. 권력에 대한 법적, 정치적, 사회학적 견해들은 서로 화해되지 못한 채 따로 돌고 있다. 권력은 때로는 자유와 연결되다가도 때로는 강제와 관련되기도 한다. 어떤 이들에게 권력은 공동의 행위에서 기인하지만, 다른 이들에게 권력은 투쟁과 관계 맺는다. 어떤 이들은 권력과 폭력을 첨예하게 구분하지만, 다른 이들은 폭력을 권력이 강화된 형태라고 생각한다. 권력은 때로는 법과, 때로는 자의와 관련되어 이야기된다.

권력에 대한 이러한 이론적 혼란에 직면해, 우리는 서로 다른 권력 이론을 통합할 수 있는 유동적인 권력 개념이 필요하다. 다시 말해, 그 내적인 구조적 요소들을 다르게 위치시킴으로써 서로 다른 현상 형태를 생성해내는 권력의 근본형태를 정립하는 일이 필요하다. 그것이 이 책의 이론적 과제이다. 이를 통해서 적어도 사람들이 도대체 권력이 무엇인지 정확히 알지 못해서 생겨나는 권력만큼은, 권력에서 제외되어야 할 것이다.

| 차례 |

일러두기

1. 원서에서 이탤릭체로 강조한 부분은 고딕체로 표시했다.
2. 본문 중에서 〔 〕 안의 설명은 독자의 이해를 돕기 위해 옮긴이가 단 것이다.

제1장

권력의 논리

권력이라는 말은 통상적으로 다음과 같은 인과적 관계로 이해되고 있다. 에고Ego가 권력에 근거하여, 타자Alter로 하여금 자신의 의지에 반하는 특정 행동을 하도록 영향을 미친다. 권력은 에고에게 타자를 고려하지 않고 자신의 결정을 관철하는 능력을 준다. 따라서 에고의 권력은 타자의 자유를 제한하며, 타자는 자신에게 낯선 에고의 의지를 참고 견뎌내야 한다. 하지만 권력에 대한 이러한 통상적 이해는 권력이 갖는 복합성을 설명해주지 못한다. 권력의 행사는 저항을 분쇄하거나 복종을 강요하려는 시도만으로는 완전히 설명되지 않기 때문이다. 권력이 반드시 강제라는 형태를 띠는 것은 아니다. 권력자에 대립적인 의지가 생겨나 그에 맞서게 된다는 사실

은 이미 그 권력이 나약해졌다는 증거다. 자기 자신을 드러내야 하는 권력은 이미 약화된 권력이다.[1]

권력은 "의지의 중성화中性化"[2]에 있는 것도 아니다. "의지의 중성화"란 권력에 복종하는 자는 권력자의 의지에 자신을 내맡길 것이기 때문에 스스로의 의지를 형성하는 일은 아예 일어나지 않는다는 것을 의미한다. 이렇게 해서 권력자는 복종하는 자로 하여금 특정한 행동을 선택하도록 이끈다는 것이다. 하지만 이러한 "의지의 중성화"를 넘어서는 권력 형태들도 있다. 권력에 복종하는 자가 **스스로** 권력자가 원하는 행동을 **하려고 하고**, 권력자의 의지를 **마치 자신의 의지처럼**, 심지어 미리 알아서 따르려고 하는 것, 이것은 더욱 강력한 권력

1) 울리히 벡은 이를 다음과 같이 말한다. "권력의 자명성, 권력에 대한 망각과 그 권력의 크기는 서로 긍정적으로 상응한다. 우리는 다음과 같이 말할 수 있다. 아무도 권력에 대해 말하지 않는 곳에서 권력은 물어볼 필요도 없이 존재하며 그 자명성으로 인해 확실하고 거대하다. 권력이 테마화되는 곳에는 이미 권력의 몰락이 시작된 것이다"(Ulrich Beck, *Macht und Gegenmacht im globalen Zeitalter. Neue weltpolitische Ökonomie*, Frankfurt a. M., 2002, S. 105).

2) "권력의 차이와 예견 가능한 권력적 결정의 존재는 〔……〕 복종하는 자가 자신의 의지를 형성하는 것 자체를 사실상 무의미하게 만든다. 바로 여기에 권력의 기능이 존재한다. 권력은 권력에 복종해 행동하는 사람의 의지와 무관하게— 그가 원하건 원하지 않건 관계없이—가능한 영향력의 사슬을 만들어낸다. 권력의 인과성은 복종하는 자의 의지를 꺾는 데 있는 것이 아니라 그의 의지를 중성화시키는 데 있다. 복종하는 자가 스스로 권력에 맞추어 행동하고 나서야 그렇게 해야만 한다는 걸 알게 되더라도, 바로 그렇기 때문에 권력은 오히려 그에게 작용하고 있는 것이다"(Niklas Luhmann, *Macht*, Stuttgart, 1975, S. 11 이하).

의 지표다. 이때 권력에 복종하는 자는 권력자의 의지 내용을 **안 그래도** 자기가 하려던 것이라고 내세우고, 권력자에게 공감하는 "네Ja"를 통해 그것을 수행한다. 그렇게 되면 동일한 행위 내용은 권력의 매개 속에서 다른 형식을 얻는다. 곧 권력자가 하려는 것이 권력에 복종하는 자에 의해 그 **자신이** 하려는 것으로 긍정되거나 내면화되는 것이다. 따라서 권력은 형식의 현상이다. 중요한 것은 한 행동이 **어떻게** 동기를 부여받느냐 하는 점이다. "내가 해야만 한다"가 아니라 "내가 할 것이다"라는 말에는 더 강한 권력이 작용하고 있다. 마음속으로 "아니요"라고 하는 것보다 권력자에 공감하는 "네"가 더 강한 권력에 대한 응답이다.[3] 〔이러한 이유로〕 권력은 인과성에 따라서는 적합하게 묘사될 수 없다. 권력은 움직이던 어떤 물체를 다른 방향으로 가게 하는 기계적인 충격처럼 기능하

---

3) 반대로 권력을 강제, 억압과 동일시하면 권력은 "아니요"라고 말할 수 있는 능력으로 해석된다. 하지만 여기서 간과되는 것은 "네"가 더 강한 권력의 표현이라는 사실이다. "네"가 언제나 무력無力에서 나오는 것은 아니다. "권력이 없는 사회는 예스맨의 사회일 것이다. 권력을 폐지하려면 모든 사람에게서 "아니요"라고 말할 수 있는 능력을 빼앗아야 한다. 왜냐하면 우리의 행동은 다른 사람의 저항, 사람들의 기대와는 다른 것을 할 수 있는 그의 당연한 자명성과 자유 앞에서 끝나게 되기 때문이다. 그에 반해 권력은 앞으로 나아간다. 권력은 다른 사람의 "아니요"를 물리치고, 그의 자유를 부정함으로써 자유를 확장하는 것이다. 권력은 자유를 제거할 수 있는 자유다"(Wolfgang Sofsky & Reiner Paris, *Figurationen sozialer Macht. Autorität-Stellvertretung-Koalition*, Frankfurt a. M., 1994, S. 9 참조).

지 않기 때문이다. 오히려 권력은 그 속에서 물체 스스로 **자유롭게** 움직이는 장場, Feld처럼 작용한다.

강제로서의 권력이라는 모델은 권력의 복합성을 제대로 설명하지 못한다. 강제로서의 권력은 타자의 의지에 **대항해** 자신의 결정을 관철시키는 데 있다. 따라서 이러한 권력의 매개 수준은 매우 낮다. 여기서 에고와 타자는 서로에 대해 적대적 관계에 놓이며, 에고는 타자**의 영혼에** 받아들여지지 않는다. 그에 반해 매개 수준이 높은 권력은 타자가 하려는 행동에 **맞서는** 권력이 아니라 **그 타자로부터 솟아나** 작용하는 권력이다. 더 강한 권력은 타자의 미래를 봉쇄하지 않고 오히려 그것을 형성해준다. 그러한 권력은 타자의 특정 행동에 맞서려는 대신, 타자의 행동반경에 영향을 주거나 그것을 변화시킴으로써 부정적인 제재 없이도 타자가 자발적으로 에고의 의지에 따라 결정하게 한다. 이를 통해 아무런 폭력 행사 없이 에고는 타자의 **영혼** 안에 자리를 잡는다.

인과성 모델은 복합적 관계를 설명하지 못한다. 인과적 관계로는 유기적 생명체조차 완전히 파악하지 못한다. 생명이 없는 수동적 사물과 달리 유기체는 스스로 아무것도 행하지 않으면서 외적 원인의 작용만을 그대로 받아들이지 않는다. 유기체는 그 원인에 대해 **자립적으로** 반응한다. 외적 자극에 자립적으로 응답하는 이러한 능력이야말로 유기적 존재의 특징이다. 그에 반해 생명 없는 사물은 **응답하지** 않는다. 살아 있는 존재가 특별한 점은 〔자신에게 다가오는〕 외적 원인을 중단시키고, 그것을 다른 것으로 전환시키며, 그로부터 무엇인가 새로운 것이 시작되게 하는 데 있다. 예를 들어 살아 있는 존재가 먹이에 의존하고 있다고 해서 그 먹이가 생명의 원인인 것은 아니다. 여기서 원인이라 말할 수 있는 것이 있다면, 그것은 살아 있는 존재 그 자체이다. 그것은 권력을 통해 외적인 것을 특정한 유기체적 과정의 원인으로 **만들기** 때문이다. 유기체적 과정은 외적 원인들을 내부에서 반복하기만 하지 않는다. 그 과정은 살아 있는 존재가 스스로 만들어내고 스스로 결정한 것이다. 살아 있는 존재는 외적인 것에 자립적으로 반응한다. 외적 원인이란 살아 있는 존재에 의해 비로소 원인으로 규정되는, 여러 자극들 중 하나일 뿐이다. 그 원인 역시 살아 있는 존재에 의해 결코 수동적으로 받아들여지기만 하지 않는다. 외적 원인은 내적 결정이나 스스로의 수용 없이는 결코 작용하지 못하기 때문이다. 한 물체의 운동 에너지가 다른 물체에 전이되듯이 외적인 것이 그대로 내적인 것으로 연장되는 경우는 없다. 인과성이라는 범주는 **정신적인** 생명체를 묘사하는 데는 더더욱 부적합하다. 정신적 생명체의 복합성은 원인과 결과라는 일선적 관계로만 번역되지 않는 권력 행사의 복잡성을 조건 짓는다. 이 복잡성으로 인해 권력은, 힘Kraft 혹은 강함Stärke과 그 결과라는 단순 인과성으로 설명되는 물리적 폭력과 구별된다. 물리적 폭력이 갖는 장점이라면 이러한 복잡성을 감소시킬 수 있다는 것뿐이다.

권력 행사의 복잡성은 단순한 산술로는 적절히 묘사되기 힘들다. 허약한 대항권력이 강력한 초권력Übermacht에 심각한 피해를 끼칠 수도 있으며, 그를 통해 허약한 대립자에게 더 큰 중요성이, 결과적으로 더 큰 권력이 부여될 수도 있기 때문이다. 허약하던 정당이나 국가가 특정한 정치적 관계에 의해 큰 권력을 획득할 수도 있다. 나아가 복합적인 상호의존 관계는 권력의 상호성相互性을 유발한다. 에고가 타자의 협조에 의존하고 있는 한, 에고는 타자와 상호의존 관계를 맺고 있는 것이다. 그렇게 되면 에고는 타자를 고려하지 않고 자신의 요구를 표명하거나 관철할 수 없다. 타자가 에고의 강제에 대해 협조를 중단하는 것으로 반응할 수 있으며, 이는 에고를 어려운 상황에 빠지게 할 것이기 때문이다. 이러한 상황 속에서 타자는 에고가 자신에게 의존해 있다는 것을 권력 원천으로 여기고 활용할 수도 있다. 나아가 문화적 규범을 솜씨 좋게 이용한다면 단적으로 약한 자도 자신의 무권력Ohnmacht을 권력으로 변환시킬 수 있다.

더불어 고려해야 할 점은 권력이 지닌 다양한 변증법이다. 권력이란 위에서 아래로 내려오는 것이라는 위계적 권력 모델은 비변증법적이다. 권력자의 권력이 클수록, 그의 권력은 수하에 있는 자들의 조언과 협조에 더 많이 의존한다. 물론 권력자는 더 많은 명령을 내릴 수도 있다. 하지만 점점 증가하는 복잡성으로 인해 실질적인 권력은 무엇을 명령해야 하는지를 이야기해주는 조언자에게 위임된다. 권력자가 갖는 이러한 다양한 의존성은 수하에 있는 자들에게는 권력의 원천이 되고, 이는 구조적인 **권력 분산**으로 이어지게 된다.

권력이 자유를 배제한다는 견해가 고집스럽게 이어지지만, 이는 사실과 부합하지 않는다. 에고의 권력은 타자가 자발적으로 에고의 의지에 따르는 관계에서 최고에 도달한다. 에고는 타자를 강제하지 않는다. **자유로운 권력**이란 모순어법 Oxymoron이 아니다. 그것은 타자가 자유로이 에고를 따른다는 것을 의미한다. 절대적인 권력을 얻으려는 자는 폭력이 아니라 타자의 자유를 **활용**할 수 있어야 한다. 그런 절대적 권력은 자유와 복종이 서로 완전히 합일되는 순간에야 얻을 수 있다.

명령을 통해 작용하는 권력, 그리고 자유와 자명성에 기반을 둔 권력은 서로 대립되는 모델이 아니다. 이 둘은 **현상**에 따른 구별일 뿐이다. 추상적인 차원으로 올라가면 이 두 모델의 공통적인 구조가 드러난다. 권력은 에고로 하여금 **타자 속에서 자기 자신일 수** 있게 한다. 권력은 **자아의 연속성**Kontinuität des Selbst을 창출해낸다. 에고는 타자에게서 **자신의** 결정을 실현하고, 그를 통해 타자 속에서 자신을 연속시키는 것이다. 권력은 타자의 현존에도 불구하고 에고가 자기 자신일 수 있게 하는 공간들을 마련해준다. 권력은 권력자가 타자 속에서 자신으로 회귀할 수 있게 한다. 이런 연속성은 강제를 통해서 혹은 자유를 활용함으로써 얻을 수 있다. 자유 속에서 복종이 이루어진 경우 에고의 연속성은 매우 안정적이다. 에고가 타자와 함께 매개되어 있기 때문이다. 강제를 통해 얻어진 자아의 연속성은 매개가 부족하기 때문에 쉽게 부서진다. 하지만 두 경우 모두 권력은 에고가 타자 속에 자신을 연속시키고, 타자 속에서 자기 자신일 수 있게 한다. 매개가 영점으로 축소되면 권력은 폭력으로 뒤바뀐다. 순수한 폭력은 타자를 극단적 수동성과 부자유의 상태로 몰아간다. 여기서 에고와 타자 사이에는 어떤 내적 연속성도 성립하지 않는다. 수동적인 사물에 대해서는 본래적 의미에서의 권력 행사는 불가능하다. 이런 점에서 폭력과 자유는 권력 단계의 양극점이다. 매개 정도가 증가할수록 더 많은 자유 혹은 자유의 **감정**이 생성된다. 이처럼 권력은 그 내적인 매개 구조에 따라 다양한 형태로 나타난다.

권력은 연속체Kontinuums의 현상이다. 권력은 권력자에게 더 넓은 자아의 공간을 마련해준다. 이러한 권력의 논리는 권력의 상실이 어째서 절대적인 **공간의 상실**로 체험되는가를 설명해준다. 세계 전체를 꽉 채우고 있던 권력자의 몸Leib이 보잘것없는 한 조각 육체로 줄어든다. 왕의 육체는 죽을 수밖에 없는 자연적 육체이기만 한 것이 아니라, 그가 통치하는 제국과 동일시되는 정치-신학적 육체이기도 하다. 권력을 상실하는 순간 왕은 작고 죽을 수밖에 없는 육체로 환원되어버리는 것이다.[4] 권력의 상실이 일종의 죽음으로 체험되는 것은 이 때문이다.

권력이 금지나 파괴 같은 방식으로만 작용한다는 것은 잘못된 믿음이다. 권력은 커뮤니케이션 매체이며 커뮤니케이션이 특정한 방향으로 원활히 **흘러가게** 한다. 권력에 복종하는 자는 권력자의 결정을, 곧 그의 행위 선택을 받아들이도록 유도된다(그것이 반드시 강제적으로 이루어지는 것은 아니다). 권력은 〔본래〕 "비개연적 선택이 일어날 개연성을 증가시키는"[5] "기회"이다. 권력은 권력자와 권력에 복종하는 자 사이에 존재하는 행위 선택의 편차를 없앰으로써 커뮤니케이션을 특정한 방향으로 이끌거나 조정한다. 이를 통해 권력은 "누군가의 행위 선택을 다른 이의 결정에 이전"시킴으로써 "인간

---

4) Ernst H. Kantorowicz, *Die zwei Körper des Königs. Eine Studie zur politischen Theologie des Mittelalters*, München, 1990 참조.
5) Niklas Luhmann, *Macht*, S. 12.

의 행위 가능성의 불확정적 복잡성을 감소"[6]시킨다. 권력에 의한 커뮤니케이션적 **지도**指導가 반드시 억압적인 방식으로만 이루어지는 것은 아니다. 권력은 억압에서 **기인하지** 않는다. 오히려 커뮤니케이션 매체로서 권력은 구성적으로 기능한다. 이런 점에서 니클라스 루만Niklas Luhmann은 권력을 "촉매"라고 정의한다. 촉매는 자신은 변화하지 않으면서 사건의 발생을 촉진하거나 특정한 과정의 흐름에 영향을 미친다. 이를 통해 촉매는 "시간"을 얻게 해준다. 이러한 의미에서 권력은 **생산적으로** 작용하는 것이다.

루만의 권력 개념은 권력에 복종하는 자의 거부의사, "아니요"가 가능한 커뮤니케이션적 관계에 한정되어 있다. 그에 따르면 커뮤니케이션 매체로서의 권력에 대한 요구는 행위 선택의 수용이 비개연적일 경우, 말하자면 커뮤니케이션이 난항亂杭[7]을 겪을 때 생겨난다. 권력은 언제든지 생겨날 수 있는 "아니요"를 "네"로 전환시켜야 한다. 권력이란 늘 "아니요"만을 말한다는 권력에 대한 부정적 인식과는 반대로, 커

---

6) Niklas Luhmann, "Macht und System. Ansätze zur Analyse von Macht in der Politikwissenschaft", *Universitas. Zeitschrift für Wissenschaft, Kunst und Literatur*, 5, 1977, S. 473~82, 특히 S. 476.

7) "누군가의 개입 행위는 재화가 부족해질 경우에만 다른 이들에게 문제가 된다. 그러면 이러한 상황은 누군가의 행위 선택을 공동 체험으로 이전시켜, 다른 이들이 수용할 만한 것으로 만드는 커뮤니케이션 매체를 통해 규제된다"(Niklas Luhmann, *Macht*, S. 13 참조).

뮤니케이션 매체로서의 권력은 "네"의 개연성을 증가시키는 기능을 한다. 권력에 복종하는 자의 긍정인 "네"가 늘 환호를 동반할 필요는 없지만, 그렇다고 그 "네"가 반드시 강제의 결과인 것도 아니다. "기회"로서의 권력의 긍정성 혹은 생산성은 환호와 강제 사이의 넓은 중간공간을 포괄한다. 권력은 파괴하거나 금지한다고 하는 인상은 매개가 약한 강제관계 속에서 막무가내로 밀어붙이는 권력만을 염두에 둠으로써 생겨난 것이다. 권력이 강제로서 등장하지 않는 곳에서 권력 그 자체가 강제로 받아들여지는 경우는 거의 없다. 거기에서 권력은 찬동Zustimmung 속으로 스며들어 간다. 권력에 대한 부정적 판단은 권력에 대한 **선택적 지각**에서 연유한 것이다.

막스 베버는 권력을 다음과 같이 정의한다. "권력은 특정한 사회적 관계 속에서 저항에 맞서 자신의 의지를 관철시키는 모든 기회— 그 기회가 어디서 오건 상관없이— 를 의미한다."[8] 그러고 나서 그는 사회학적으로 볼 때 "권력" 개념은 "무정형적amorph"이라고 덧붙인다. 권력보다는 **"명령**에 복종하는 것을" 보장해주는 "지배"라는 사회학적 개념이 "더 엄밀하다"는 것이다. 이러한 베버의 평가에는 문제가 없지 않다.

---

8) Max Weber, *Wirtschaft und Gesellschaft*, 1, Halbband, Tübingen, 1976, S. 28.

사회학적 관점에서 볼 때 권력은 결코 "무정형적"이지 않다. 이러한 인상은 제한적인 지각 방식에서 비롯된 것이다. 〔근대의〕 분화된 세계는 간접적이고 눈에 띄지 않게 작동하는 권력의 토대를 생산해내는데, 그러한 권력 토대의 복잡성과 간접성 때문에 권력이 "무정형적으로" 작동한다는 인상이 생겨나는 것이다. 명령의 지배와는 반대로 권력은 공공연하게 모습을 드러내지 않는다. 권력의 힘 Macht der Macht은 공공연한 "명령" 없이도 결정과 행위를 유발할 수 있다.

권력은 자유와 대립하지 않는다. 권력을 폭력이나 강제와 구별해주는 것이 바로 자유이다. 루만도 권력을 **"양쪽 모두 다르게 행동할 수 있는"** "사회적 관계"[9]와 연결시킨다. 이에 따르면 강제에 의한 행동에서는 어떤 권력도 생겨나지 않는다. 복종 Gehorchen 역시 이미 그 자체로 자유를 전제하고 있다. 복종이란 언제나 하나의 선택이기 때문이다. 물리적 폭력은 복종의 가능성까지 파괴한다. 폭력은 수동적으로 **감내된다.** 그에 반해 복종은 폭력에 대한 수동적인 감내보다 더 많은 능동성과 자유를 갖는다. 복종은 선택 가능한 대안으로서 일어난다. 권력자 또한 자유로워야 한다. 특정한 상황 조건

---

9) Niklas Luhmann, *Soziologische Aufklärung 4. Beiträge zur funktionalen Differenzierung der Gesellschaft*, Opladen, 1987, S. 117.

때문에 특정한 결정을 내리도록 강요받는 권력자는 권력을 가지고 있는 게 아닐 것이다. 오히려 그를 강제하는 그 상황 조건이 권력을 가지고 있는 것이며, 권력자는 그 상황 조건에 수동적으로 내맡겨져 있는 것이다. 특정한 결정을 **선택하고** 관철할 수 있으려면 권력자는 자유로워야 한다. 아니면 최소한 그는, 자신의 결정이 진정 자신의 선택이라는 **환상** 속에서, 곧 그 자신이 **자유롭다**는 환상 속에서 행동해야 한다.

그 어떤 커뮤니케이션에서든 에고의 결정을 타자가 수용할지 거부할지의 여부는 원리적으로 열려 있다. 하지만 에고의 권력은 타자가 에고의 결정을 따를 개연성을 높여준다. 이런 점에서 루만은 권력에 대해 타자가 에고의 결정을 수용할 개연성을 높이는 커뮤니케이션 매체라고 파악한다. 이러한 권력 모델은 권력을 자유라는 이념과 연결시킨다. 하지만 루만에게서 권력관계는 부정적으로 평가된 상황을 회피하는 데에 묶여 있다. 루만이 든 사례는 이를 분명하게 보여준다. "A가 B를 양쪽 모두에게 부정적으로 평가된 물리적 투쟁으로 위협한다. 이때 A가 B보다 그 투쟁을 덜 부정적으로 평가하고 있으며, 그 둘에게는 물리적 투쟁보다 덜 부정적으로 평가된, 선택 가능한 두번째 대안이 존재한다는 데에서 A의 권력이 생겨난다. 자신의 대안이 상대의 대안보다 더 유동적이어서 다른 편은 불쾌하게 여기는 상황도 받아들일 수 있는 쪽에게,

향후 일어날 일을 결정할 더 큰 기회가 주어진다."[10]

루만은 권력을 (예를 들어 해고 또는 그 밖의 제재를 통해 위협하는) 부정적 제재Sanktion와 연결시킨다. 에고가 권력을 행사하려면 부정적 제재를 통해 타자에게 압력을 가할 수 있어야 한다. 이 부정적 제재는 에고와 타자 양쪽이 모두 피하려고 하지만, 에고보다 타자가 더 피하고 싶어 하는 행위 가능성이다. 예를 들어 타자를 해고하는 것이 에고에게 더 불리하게 작용한다면 그것은 에고의 권력 수단으로 동원될 수 없을 것이다. 이렇게 역전된 상황에서는 자발적으로 그만둘 가능성이 타자의 권력 원천이 된다. 루만은 이를 다음과 같이 표현한다. "부정적 제재는 비축된 대안일 뿐이다—정상적인 경우 이는 실현되기보다는 **양쪽** 모두가 회피하고 싶어 하는 대안이다. 이 부정적 제재가 실행되는 것을 더 기꺼이 감수할 수 있다는 데에서 권력자의 권력이 생겨난다. 이 부정적 제재가 활용되지 않기 때문에, 그리고 바로 그것이 활용되고 있지

10) Niklas Luhmann, "Macht und System", S. 476의 다음 구절도 참고하라. "직접적인 충돌이나 물리적 폭력을 통한 위협은 상황, 맥락에 의존하지 않는다는 점에서 매우 효과적인 권력 수단이다. 하지만 이를 복잡한 과정들에 적용하기에는 정교하지 못하다. 권력 수단으로 폭력밖에 알지 못하는 시스템은 분화되지 않았고 생산성이 낮다. 복잡한 시스템은 정교하게 구조화되어 있는 조정 및 권력 메커니즘에 의존한다. 여기에서 근력筋力은 별 도움이 되지 못한다. 그보다는 간접적이고 덜 공공연한 권력 수단이 폭력을 통한 위협보다 훨씬 더 효과적으로 기능한다."

않는 한에서 부정적 제재의 선포 가능성이 권력을 낳는다. 따라서 권력이 도발될 수 있다면 그 권력은 종말에 가까운 것이다. 물리적 폭력의 사용은 권력의 적용이 아니라, 권력이 파산했다는 표현이다."[11]

루만의 권력 이론은 여러 가지 측면에서 문제가 있다. 우선 권력이 발휘되려면 양쪽 모두 부정적 제재가 실현되는 것을 피하려 한다는 전제가 반드시 요구되지는 않는다. 권력에 복종하는 자를 즉시 대체할 수 있다면, 권력자는 권력에 복종하는 자와는 반대로 제재의 실현을, 곧 실질적인 해고를 두려워할 필요가 없을 것이기 때문이다. 따라서 권력관계가 생겨나기 위해 **양쪽** 모두가 실현되지 않기를 바라는 어떤 대안이 존재해야만 하는 것은 아니다. 어느 한쪽이 그를 피하려 하는 것만으로도 충분하다. 이런 불균형 관계Asymmetrie가 반드시 권력자의 권력을 약화시키지도 않는다. 오히려 이런 불균형이 권력자에게 더 많은 권력을 부여할 수도 있다. 더 많은 권력이란 권력자에게는 더 큰 자유를 의미한다. 타자가 더 이상 그의 행동의 경계가 아니기에 권력자는 자유롭다.

더 자세히 고찰하자면, 권력관계는 한쪽만의 회피 대안, 다시 말해 권력에 복종하는 자만이 피하고자 하는 대안을 전

11) Niklas Luhmann, *Soziologische Aufklärung 4*, S. 119.

제하지 않는다. 타자가 에고의 결정을 수용한다고 해서 이 찬동이 반드시 부정적 제재에 대한 두려움에서 나오는 것도 아니다. 타자의 "네"는 회피하고자 하는 대안을 **곁눈질**하지 않고서 생겨난 긍정, 에고의 결정 **그 자체**에 대한 긍정일 수도 있다. 일말의 "어쩔 수 없지, 뭐Na ja"도 포함하지 않는, 에고에 대한 타자의 전폭적인 "네"에서 에고의 권력은 정점에 달하는 것이다. 그런데 루만에게서 권력 행사는 늘 "어쩔 수 없지, 뭐"에서 기인한다. 단순한 동의가 아닌 감격과 열광이 강력한 권력자를 불러내는 것인데도 말이다.

　루만에 따르면 권력은 행위 대안이 증가하는 데 비례해 커진다. "권력자가 더 다양하고 많은 결정을 선택할 수 있다면 그의 권력은 커진다. 나아가 권력자가 더 많고 다양한 종류의 대안을 가지고 있는 상대에 맞서 자신의 결정을 선택할 수 있다면 그 권력은 더 크다. 권력은 에고와 타자 **양쪽**의 자유와 더불어 증가한다. 예를 들어 한 사회 안에서 권력은 그 사회가 대안을 만들어내는 정도에 비례해 증가한다."[12] 에고가 권력적 커뮤니케이션을 위한 행위 가능성을 여럿 지니고 있다는 것은 분명 자유와 권력의 지표이다. 또한 타자가 다른 매력적인 행위 가능성을 가지고 있는데도 에고의 선택을 따르

12) Niklas Luhmann, *Macht*, S. 9 이하.

는 것은 에고의 권력 때문이다. 그렇지만 자신의 행위 가능성의 정도에 따라 타자가 갖게 되는 자유가 필연적으로 에고의 권력을 증가시키는 것은 아니다. 오히려 그것은 권력을 불안정하게 만들 수 있다. 권력에 복종하는 자가 갖는 **자유의 감정**은 그가 가지고 있는 대안의 수數에 의존하지 않는다. 이보다 더 중요한 것은 타자가 에고를 향해 보이는 "네"의 구조와 강도이다. 자유의 감정을 생겨나게 하는 "네"의 전폭성은 행위 가능성의 수와는 무관하다.

루만은 "관계가 강화될수록 상급자가 하급자에게 갖는 권력과 하급자가 상급자에게 갖는 권력은 동시에 증가한다"[13]는 가정에서 출발한다. 여기서 루만은 위계적인 영향력 행사 모델과는 다른 기업 운영 모델을 염두에 두고 있다. "생산성이 매우 높은 부서의 책임자는 생산성이 낮은 부서의 책임자와는 다른, 더 나은 지도 시스템을 가지고 있다. 그 시스템은 하급자들이 책임자의 영향력을 수용할 가능성을 더 많이 제공함으로써 그 책임자가 더 큰 영향력을 행사할 수 있게 보장해준다."[14] 하급자에게 자신의 결정이 온전하게 받아들여지

---

13) Niklas Luhmann, "Klassische Theorie der Macht. Kritik ihrer Prämissen", *Zeitschrift für Politik*, 2, 1969, S. 149~70, 특히 S. 163.
14) Rensis Likert, *Neue Ansätze der Unternehmensführung*, Bern & Stuttgart, 1972, S. 63.

지 않으면 상급자의 영향력은 크게 상실된다. 그러나 결정에 대한 영향력이 곧바로 하급자의 **실질적인** 업무 실행에 대한 영향력과 일치하는 것은 아니다. 결정에 있어서 권위적인 상급자가 실제 업무 실행에는 별다른 영향을 끼치지 못하는 일도 충분히 있을 수 있다. 하지만 반대로 하급자가 영향력을 수용할 가능성이 증가해도 상급자에게 더 많은 영향력 행사나 더 큰 권력을 보장하지도 않는다. 해고와 같은 부정적 제재 조치로 위협하면서 자신의 결정을 관철시키려는 상급자의 시도는 그의 권력을 증가시키지 못한다. 그렇게 만들어지는 권력관계는 그 매개 수준이 낮아서 쉽게 파괴될 수 있기 때문이다. 하급자가 상급자의 결정을 자발적으로 수용한다면 상급자는 더 큰 권력을 얻을 것이다. 하급자가 상급자에게 더 많은 영향력을 행사한다고 해서 하급자의 권력이 증가하는 것도 아니다. 상호간의 영향력 수용이 강화되면, 기업의 효율성이 증가할 수는 있어도 행위 주체들의 권력이 증가하지는 못한다. 오히려 권력이 탈중심화될 때 더 많은 생산성을 낳을 수 있다. 나아가 상호간의 영향력 수용을 강화한다고 해서 곧바로 관계가 강화되는 것도 아니다. 관계는 상호간의 신뢰나 인정을 통해 강화된다. 신뢰는 복잡성을 완화시켜 결정 과정에 긍정적인 영향을 미친다. 신뢰와 상호 인정의 커뮤니케이션적 분위기는 생산력 증가에 기여하지만, 이것이 권력의 분위기와 동일한 것은 아니다. 관계의 강화가 곧바로 권력의 양을 증가시키지 않는 것이다. 따라서 관계를 강화하면 상급자의 권력과 하급자의 권력이 동시에 증가한다는 루만의 주장은 설득력이 없다.

권력은 영향력과 다르다. 영향력은 권력 중립적일 수 있기 때문이다. 영향력에는 자아 연속체를 구성하는 권력 특유의 지향성이 내재하지 않는다. 특별한 지식을 가지고 있어서 결정 과정에 큰 영향을 미칠 수 있는 하급자가 반드시 큰 권력을 가지고 있는 것은 아니다. 영향력 행사의 가능성이 곧바로 권력으로 흘러들어가지 않는 것이다. 그러기 위해서는 그것이 권력관계로 **변환되어야 한다**.

물리적 폭력에 관해 루만은 다음과 같이 쓴다. "권력 형성은 물리적 폭력에 대해 양가적 관계를 맺는다. 권력은 폭력을 가정법Irrealis으로 사용한다. 다시 말해 권력은 폭력이 사용되어서는 안 된다는 전제 아래 폭력을 사용한다. 폭력은 가상화되고virtualisiert, 부정적인 가능성으로서 안정되는 것이다."[15] 법치국가에는 법질서가 훼손되었을 경우 활성화되는 폭력 사용의 가능성이 존재한다. 그렇다고 해서 이것이 법치국가가 폭력이나 다른 부정적 제재 조치에 **근거하고 있다**는 뜻은 아니

---

15) Niklas Luhmann, "Macht und System", S. 477.

다. 부정적 제재 조치나 폭력 사용의 기회를 엿보는 것은 긍정적인 권력 행사의 조건이 아니다. 사람들이 범죄를 저지르지 않는 이유는 처벌에 대한 두려움 때문이 아니라 무엇보다 법질서에 대한 인정, 곧 법이 나의 의지이자 자신 스스로 행함이며, 나의 자유라는 생각 때문이다. 물론 법률의 배후에는 칼이 있다.[16] 그렇다고 법이 칼에 **근거하고 있는 것은** 아니다. 부정적 제재 조치를 통해서만 자신의 결정을 관철할 수 있는 자는 별다른 권력을 갖지 못한 자이다. 어떤 조직이 적은 수의 제재 형태만을 가지고 있다는 것이 그 권력의 크기를 말해주지도 않는다. **권력 논리상**으로 보면 아무런 부정적 제재도 갖고 있지 않으면서도 막강한 권력을 가진 조직도 생각할 수 있다. 루만도 부정적인 제재에 묶여 있는 권력에는 자유로운 권력의 가능성에 대한 감수성이 없다고 말한다.

한 조직의 복잡성이 증가하면, 그 조직이 행동하는 주체들로부터 완전히 떨어져 나와 하나의 익명적 단위Größe[17]로 자

---

16) Michel Foucault, *Der Wille zum Wissen. Sexualität und Wahrheit 1*, Frankfurt a. M., 1977, S. 171 참조.
17) 베버에 따르면, 조직이 관료화되고 익명적이게 되면 "카리스마" 없이도 작용하는 권력이 생겨난다. 베버에 따르면, 진정한 카리스마적 지배는 어떤 관청이나 관료, 규율도 필요로 하지 않으며, 거기에는 직위나 능력도 없다. 베버는 이러한 카리스마적 지배에, 담론적으로 분석 가능한 규칙들에 의거하고 있는 "관료주의적 지배"를 대립시킨다. 카리스마는 그 탈규칙성을 통해 복잡성을 급진적으로 축소시킨다. 바로 여기에 카리스마의 유혹적인 힘이 있다. 모든 카리스마

립하는 경우도 있다. 카프카의 소설이 행동하는 개인을 소외시키는 이러한 과정을 묘사하고 있다는 사실은 잘 알려져 있다. 현대 조직에 대한 루만의 언급 또한 카프카적으로 느껴진다. "(……) 조직의 논리에 따라 기괴한 일들이 요구되고 관철된다. 노동자는 매시간 똑같은 구멍을 뚫어야 하고, 입원한 환자는 몸이 아파도 아침 6시에 일어나 열을 재야 하고, 교수는 중요하지도 않고 거의 늘 결론도 나지 않는 회의록을 작성해야 한다. 이런 메커니즘의 도움으로, 폭력을 통해 동원될 수 있는 것보다 훨씬 많고 다양한 종류의 행위 선택지가 놀라울 정도로 쉽게 조직에 위임될 수 있다."[18]

조직의 구조가 경직되면 강제가 생겨난다는 것은 분명한 사실이다. 그런데 다음 문장을 보면 루만은 이런 강제를 권력과 혼동하고 있다. "과거의 그 어떤 독재자나 역사적인 거대 제국의 절대군주도 타의에 의한 결정들의 수와 다양성이라는 측면에서 보았을 때, 오늘날의 (조직이 갖는) 규모에 비견할 만한 권력을 형성하지 못했다. (독재자나 절대군주의) 테러도 이 조직에 상응할 만한 대안이 되지 못할 정도로."[19] 여기서

적 지배에는 다음의 문장이 타당할 것이다. "그렇게 적혀는 있지만, 너희에게 명령하는 것은 나다"(Max Weber, *Wirtschaft und Gesellschaft*, S. 141 참조).
18) Niklas Luhmann, "Macht und System", S. 479.
19) 같은 글, S. 480.

루만은 의문스럽게도, 타의에 의한 결정의 증가를 권력의 증가라고 파악하고 있다. 하지만 다른 곳에서 루만은 권력과 자유의 긍정적인 상호작용을 가정하고 있다. 거기에서 그는 "**양편** 모두에게 있어서 권력은 자유와 더불어 증가한다. 예를 들어 한 사회에서 〔권력은〕 그 사회가 대안을 창출해내는 정도에 따라 증가한다"고 말한다. 루만은 권력이 결정과 선택 위임Selektionsübertragung에 의존하고 있다고 본다. 조직이 복잡해질수록 그 조직은 더 많은 권력을, 곧 더 많은 선택 능력을 산출해내야 한다는 것이다. 하지만 이 주장에는 문제가 있다. 선택이 권력에 의해서만 이루어지는 것은 아니기 때문이다. 권력은 결정의 양에 비례해 자라나지 않는다.

현대 조직의 커뮤니케이션 구조에 관해 루만은 다음과 같은 결론을 내린다. "그럼에도 불구하고 빠른 속도로 진행되는 사회 진화 속에서 권력 메커니즘은 패배자가 될 것이다."[20] 루만에 따르면 권력은 현대 사회에 적용되기에는 복잡성의 정도가 너무 낮다. 권력이 "매우 구체적인 차원에 자리 잡고 있기 때문"이다. 현대 조직은 "상호적으로 예견 가능한 행위 규정들이라는 바늘구멍" 속으로 끼워 넣어질 수 없다.[21] 권력이

20) 같은 곳.
21) 같은 글, S. 481.

사회 진화의 패배자에 속하게 될 것이라는 루만의 진단은, 권력을 한 인간이 다른 인간을 향해 행하는 행위 선택이라고 이해하는 그의 협소한 권력 이론적 전제에서 나온다. 그에게 권력은 "인간에 의한, 인간에 대한 권력"[22]이다.

루만은 "선택 과정"으로서의 권력 행사가 시스템의 구조에 의존하고 있다는 것을 잘 알고 있다. 시스템은 권력적 커뮤니케이션이 이루어지는 특정한 행위 가능성들을 배치한다. 따라서 권력이란 **"구조 의존적인 선택"**이다. 시스템은 그 안에서 선택 과정이 이루어지는 대안적 배치들을 조건 짓는다. 권력적 커뮤니케이션의 행위 주체들은 그들 상호간의 권력관계를 **선先규정**하는 시스템에 의해 특정한 위치를 배당받는다. 이 선규정은 **선先의식적으로**vorbewußt 일어날 수도 있다. 하지만 루만은 이러한 **반성 이전의**vorreflexiven 선규정의 가능성을 보지 않는다. 그의 권력 이론에 따르면 권력적 커뮤니케이션은 철저하게 **의식적인** 행위 선택의 투명성 속에서만 일어나기 때문이다. 그의 권력 이론에서는 의식적인 선택의 차원에서 에고와 타자 모두를 포괄하는 연속체를 형성하는 권력 형태는 등장할 수 없다.

루만에게 권력은 커뮤니케이션 주체 개개인의 **선線적**lineare

---

22) 같은 곳.

관계에 집중되어 있다. 그래서 루만은 연속체, 하나의 전체성의 형태로 등장하는 **공간적**räumliche 권력을 보지 못한다. 공간은 커뮤니케이션의 **선**線상에서 지각되지 않고서도 그 커뮤니케이션에 영향을 미칠 수 있다. 부재하는 것이 현존하는 것보다 더 큰 권력을 갖는 경우도 흔하다. 공간적 권력은 모호한 힘들을 하나로 결집해 전체 질서를 형성하는 중력으로 등장할 수 있다. 이러한 권력의 작용 방식은 선적인 인과성으로는 묘사되지 않는다. 여기서 권력은 권력에 복종하는 자에게 특정한 행위를 유발하는 원인으로 작용하지 않는다. 권력은 특정한 행위가 비로소 자신의 방향을, 다시 말해 의미를 얻게 되는 공간을 열어준다. 따라서 그 공간은 인과성이나 행위 연쇄의 선線보다 선행한다. 그 공간은 내부에서 누군가가 더 많은 권력을 갖는, 다시 말해 다른 이보다 우세할 수 있는 영역이다. 이러한 방식으로 권력은 **개별적인** 권력관계들이 잠재되어 있는 장소를 창출해낸다.

권력은 다양한 형태의 지속성을 형성한다. 권력이 에고로 하여금 타자 속에서 자신을 지속시키고 타자에게서 자신을 발견할 수 있게 한다는 것은 이미 이야기했다. 이를 통해 권력은 에고에게 자아의 연속성을 마련해준다. 권력에 대한 욕구는 에고의 이러한 자기 지속성의 감정에서 나온다.

모든 권력 공간은 자기 자신이고자 하는sich will 자아의 구조를 가지고 있다. 물론 국가 같은 초개인적 권력체가 개개인의 개별 의지에 근거하고 있지는 않다. 하지만 그것 역시 자기 **스스로를** 주장하는 자아의 성격Verfaßtheit을 지니고 있다. 국가 수반이라는 형태가 그러한 주관성의 구조를 반영한다. 모든 권력 공간은 타자에 맞서 자신을 유지하는 자아의 연속체다. 이러한 지속성과 주관성은 모든 권력의 현상 형태에 공통적인 구조를 이루는 요소다.

초개인적 권력체도 다양한 수준의 매개 구조를 가지며, 그에 따라 권력체 전체가 개별자들에게 갖는 태도도 서로 달라진다. 매개가 결핍되어 있는 경우에 전체는 개별자와 위압적으로 관계 맺는다. 이때 권력은 금지나 명령을 활용해야 한다. 전체는 강제를 통해서만 개별자에게 자신을 지속시킬 수 있다. 그에 반해 높은 수준의 매개가 존재할 때는 강제가 없어도 지속성이 형성된다. 개별자 스스로가 전체를 자기 스스로의 규정으로 경험하기 때문이다. 전체에 대한 개별자의 관계에 있어서도 개별자에게 강요되는 것은 아무것도 없다. 법치국가에서 법질서는 개별 시민들에게 낯선 강제로 여겨지지 않는다. 그것은 **그들 스스로가** 내린 규정으로 여겨지며, 그것이 시민을 비로소 자유로운 시민으로 만든다. 반대로 전체주의 국가에서 전체는 개별자들에게 낯선 규정으로 체험된다. 이러한 무매개성은 여러 강제를 만들어내는데, 이렇게 강제된 지속성은 금방 부서지기 쉽다.

서로 대립적인 권력 이론들도 이 매개라는 개념을 통해 하나의 이론 모델 아래 묶일 수 있다. 강제로서의 권력과 자유로서의 권력은 서로 근본적으로 다른 것이 아니다. 그것은 매개 정도에 있어서만 서로 구분된다. 그건 **한** 권력의 서로 다른 현상들이다. 모든 권력 형태는 지속성을 산출하기 위해 존재하며, 하나의 자아를 전제한다. 매개가 결핍되어 있으면 강제를 낳는 반면, 매개 수준이 높으면 권력과 자유가 하나로 수렴된다. 권력이 가장 안정적인 것은 후자의 경우다.

내적으로는 매개 수준이 높은 권력 공간이 외부적으로는, 다시 말해 다른 권력 공간들에 대해서는 적대적인 관계를 가질 수도 있다. 이들 사이에서의 매개가 극단적으로 결핍되어 있으면 폭력이 그들의 관계를 규정한다. 그래서 민주주의 국가라 할지라도 자신의 이해를 관철하기 위해 다른 국가를 공공연한 갈등 상황으로 몰아가거나 폭력을 사용할 수도 있다. 서로 대립적인 권력 공간들이 하나의 전체성으로 통일되거나 매개되려면 포괄적인 권력 영역과 높은 수준의 매개 심급이 필수적이다.

개별국가들 사이의 갈등을 피하기 위해서는 초국가적 권력체, 초네이션적인 법질서,[23] 다시 말해 네이션 국가적 개별화를 극복할 **권력과 법의 지구화**가 필수적이라는 것은 권력 논리

의 필연적 귀결이다. 그러한 권력에는 네이션 국가를 넘어서
는 **장소**가 주어져 있어야 한다. 오늘날의 지구화가 갖는 문제
는 그것이 세계 전체를 매개할 정도로 충분히 지구적이지 못
한 결과, 심각하게 비대칭적인 구조가 지배적이고, 기회와
원천은 정당하게 분배되지 못하며, 그 어떤 포괄적인 권력과
매개 심급에 의해서도 서로 묶이지 못한다는 점이다. 매개 구
조는 찬성과 반대 사이의 변증법적 상호작용을 통해 생겨나
고 두터워진다. 그렇기 때문에 지구화는 **변증법적 학습 과정**
Bildungsprozeß을 거쳐야 한다. 헤겔이라면 지구화가 아직 **개**
념이 없는 상태ohne Begriff라고 말할 것이다. 여기서 개념은 **매**
개를 의미한다. 이러한 맥락에서 보자면 전 세계를 무대로 활
동하고 있는 기업들의 초국가적 구조도 이 매개 과정을 촉진
할 수 있다.

23) 파울 틸리히도 초국가적으로 활약하는 포괄적인 권력 지대의 필연성을 지적한
다. "자신의 사회적 존재의 실현을 위해 권력 위치를 만들어내는 유일한 포괄
적 집단은 현재로서는 네이션 국가들이다. 그 국가의 대변자인 "권력자들"에게
는 사회적 존재를 가장 넓게 포괄하는 담지자라는 위치가 부여된다. 주권은 가
장 상위에 있는 권력 집단의 표징이다. 이 집단의 접촉은 위태로운 균형 상태
에서 이루어지며, 그 균형의 배치가 지속적으로 변화한다. 인정받은 권력 위치
가 없는 경우, 권력을 관철하기 위한 유일한 방법은 자의적 폭력을 통한 위협
과 폭력의 사용이다. 이러한 상황을 변화시킬 수 있는 유일한 길은 법적 구속
력이 있고 인정받는 포괄적 권력 위치를, 다시 말해 개별 주권을 지양하는 초
네이션 국가적 통일체를 만들어내는 것이다"(Paul Tillich, "Das Problem der
Macht. Versuch einer philosophischen Grundlegung", Renate Albrecht 편,
Gesammelte Werke, Bd. 2, Stuttgart, 1962, S. 193~208, 특히 S. 203 참조).

지금까지 다룬 권력 형태들은 모두 커뮤니케이션적인 성격을 지닌다. 타자에게 특정 행동을 강요하기 위해 사용되는 물리적 폭력도 비록 폭력적인 방식이기는 하지만 행위와 관련된 결정을 실현시킨다는 점에서는 하나의 커뮤니케이션 과정에 포함된다. 그러한 커뮤니케이션적 맥락을 결여하면 폭력은 벌거벗겨진다nackt. 이렇게 벌거벗은 상태에서 생겨나는 폭력은 섬뜩함Unheimlichkeit이나 전율Abgründigkeit을 불러일으킨다. 그 어떤 커뮤니케이션적 지향성도 없이 무차별적으로 타자를 괴롭히거나 무의미하게 죽이는 행위는 바로 이런 벌거벗은, 의미가 상실된, 그래서 포르노그래피적인 폭력이다. 이런 폭력은 커뮤니케이션을 목표로 하지 않는다. 벌거벗은 폭력을 행사하는 자에게는 타자가 **무엇**을 행하는가는 중요하지 않다. 여기서는 복종 또한 아무런 의미를 갖지 못한다. 복종한다는 것은 이미 하나의 커뮤니케이션 행위인데, 여기서는 타자의 행동, 그의 의지, 나아가 그의 자유와 존엄을 **완전히 해소**시키려는 시도가 나타나기 때문이다. 벌거벗은 폭력의 목표는 **타자성**을 철저하게 제거하는 것이다.[24]

---

24) 수용소에서의 테러에서 벌거벗은 폭력이 작용하고 있었다는 것은 분명한 사실이다. 하지만 볼프강 조프스키가 수용소의 테러를 특징짓기 위해 사용하는 "절대적 권력"이라는 말은 여기에 적합하지 않다. 절대적 권력은 벌거벗은 폭력에는 전적으로 결여된 커뮤니케이션적 매개를 전제하고 있기 때문이다. 이에 대해선 Wolfgang Sofsky, *Die Ordnung des Terrors. Das Konzentrationslager*,

엘리아스 카네티Elias Canetti가 마치 권력의 유일한 형태인 양 반복해서 읊어대고 있는 태곳적의 권력은 커뮤니케이션으로부터 완전히 벗어나 있다. "남태평양 지역에서는 일종의 초자연적이고 비인격적인 권력을 '마나Mana'라고 부른다. 마나는 한 사람에게서 다른 사람에게로 전이될 수 있다. 마나는 모든 사람이 무척 열망하는 실체이며, 각자가 자기 마나의 정도를 증가시키는 것도 가능하다. 용감한 무사는 높은 수준의 마나를 획득할 수 있는데, 이것은 그의 싸움 기술이나 육체적인 힘에서 비롯되지 않는다. 그것은 그가 살해한 적의 마나로서 그의 몸 안에 전이되는 것이다. [……] 살아남은 자에게 미치는 승리의 효과가 이보다 더 명백하게 파악될 수는 없다. 살아남은 자는 상대방을 죽임으로써 더욱 강해지고, 마나의 추가로 그는 새로운 승리를 보장받을 수 있게 된다. 이것은 그가 적으로부터 벗겨낸 일종의 축복이라고 할 수 있다. 그러나 그것은 적이 죽어야만 얻을 수 있는 것이다. 처음에는 살아 있었지만 결국에는 죽어야만 하는 적의 육체적 현존이 본

Frankfurt a. M., 1997 참조. 헤겔에게서 "절대적 권력"은 테러리즘적 폭력에 다름 아니다. "절대적 권력은 지배하지 않는다. 그 지배 속에서 타자는 몰락한다. 여기서 타자는 복종하지만 수단일 뿐이다." 이에 대해선 Georg Wilhelm Friedrich Hegel, *Vorlesungen über die Philosophie der Religion I*, Eva Moldenhauer & Karl Markus Michel 편, *Werke in zwanzig Bänden*, Bd. 16, Frankfurt a. M., 1970, S. 417 참조. 타자를 완전히 해소해버리는 건 절대적 권력이 아니라 절대적이고 벌거벗은 폭력이다.

질적인 요소인 것이다. 그러기 위해서는 전투가 있고 살해가 수반되어야 한다. 자신의 살해 행위가 중대한 의미를 갖는 것이다. 승자가 잘라내 처분할 수 있고, 승자의 트로피로 증정되거나 승자의 마나를 체현시켜주는 패자의 시체 일부분은 승자의 권력을 강화하는 영속적인 실체라고 할 수 있다."[25] 이러한 태곳적 투쟁에는 이해관계에 따른 갈등 같은 것도 선행하지 않는다. 만약 그런 게 있다면 거기에는 그나마 일말의 커뮤니케이션적 성격이 부여될 것이다. 하지만 거기에서 중요한 것은 타인을 살해하고 그렇게 살해된 것을 지각하는 것뿐이다. 여기서 권력의 느낌은 무매개적으로, 다시 말해 어떤 커뮤니케이션 매개도 없이 생겨난다. 그것은 타자가 승자의 강함을 인정하는 데에서 나오는 것도 아니다. 권력은 마법적인 힘처럼 살해된 자로부터 승자에게로 전이되는 것이다.

　여기서 태곳적 의식은 권력을 소유 가능한 실체로 사물화한다. 하지만 권력은 관계이다. 타자가 없다면 에고에게는 아무런 권력도 존재하지 않는다. 타자를 살해하는 것은 이 권력관계를 종결시키는 것이다. 서로를 향해 맹목적으로 달려드는 사람들 사이에는 아무 권력도 생겨나지 않는다. 거기에

25) Elias Canetti, *Masse und Macht*, Hamburg, 1960, S. 287 이하. 〔한국어판 『군중과 권력』, 강두식 & 박병덕 옮김, 바다출판사, 2002, 337쪽(번역 일부 수정)〕.

는 물리적 강함의 차이만 있을 뿐이다. 그중 한 명이 죽음에 대한 두려움 때문에 혹은 상대의 물리적 강함을 예견해서 스스로 상대에게 복속할 때 비로소 권력이 생겨난다. 누군가를 죽음으로 이끄는 투쟁이 아니라, 그 투쟁의 부재가 비로소 원래적 의미에서의 권력을 구성하는 것이다.

카네티가 펼쳐 보이는 권력 개념은 매우 제한적이다. 그는 권력을 지나치게 포괄적으로 강제, 억압, 복속과 동일시한다. 그래서 카네티에게서 권력관계는 고양이와 쥐 사이의 관계를 넘어서지 않는다. "한번 붙잡힌 쥐는 고양이의 폭력 아래 있다. 고양이가 쥐를 잡으면, 발톱으로 쥐었다가 결국 죽일 것이다. 그러나 고양이가 쥐를 가지고 놀기 시작하면 다른 요소가 나타난다. 고양이는 쥐를 얼마쯤 도망치게 내버려두기도 하고 쥐에게서 등을 돌리기까지 한다. 이때 쥐는 폭력의 지배를 받지 않는다. 그러나 다시 고양이에게 잡힐 수도 있는 쥐는 여전히 고양이의 권력 테두리 안에 있다. 만일 고양이가 쥐를 완전히 놓아주면 쥐는 고양이의 권력 테두리를 벗어나는 것이다. 그러나 잡힐 수 있는 지점을 벗어나기 전에는 쥐는 고양이의 권력 테두리 안에 있는 것이다. 고양이가 지배하는 공간, 고양이가 쥐에게 허용하는 희망의 순간들, 그러나 잠시도 눈을 딴 데로 돌리지 않는 면밀한 감시와 해이해지지 않는 관심, 그리고 쥐를 죽이려는 생각. 이것을 모두 합친 것, 다시 말하면 공간, 희망, 빈틈없는 감시와 파괴적인 의도를 권력의 실체Leib, 좀더 단순히 말하면 권력 그 자체라고 부를 수 있다."[26]

권력은 폭력보다 "더 넓은 공간을 갖는다geräumiger." 폭력이 "더 많은 시간을 갖게 되면sich mehr Zeit läßt" 권력이 된다. 이런 점에서 권력은 더 많은 공간과 시간에 근거하고 있다. 그런데 고양이의 쥐 놀이에서 공간은 죽음을 향한 협소한 공간일 뿐이다. 사형수의 감방은 짐승의 아가리보다 넓기는 하지만, 불안으로 가득 찬 권력 공간은 결코 긍정적인 행위 공간이 될 수 없다. "무엇인가 새로운 것"이 생겨나려면 위에서 말한 "놀이"는 단지 살해하기 전의 서곡 이상의 것이어야 한다. 그러기 위해서는 전략적 가능성들이 생겨날 수 있게 하는 실질적인 **놀이 공간**Spiel-Raum이 전제되어야 한다. 권력은 **아직 죽이지 않음**das Noch-nicht des tödlichen Zugriffes보다 더 큰 시공간을 전제한다. 죽음의 문제에 집착한 나머지 카네티는 권력이 죽이기만 하는 것이 아니라 오히려 **살게 하는 것**이라는 걸 잊었다. 권력의 부정성에 집착한 나머지 카네티는 권력이 행위와 자유를 배제하지 않고, 오히려 전혀 다른 의미에서 **시간과 공간을 부여한다**는 것을 인식하지 못했다. **할 수 있음** 혹

26) 같은 책, S. 323. 〔한국어판 『군중과 권력』, 379쪽(번역 일부 수정)〕.

은 자유의 시공간이란 결국에는 환상일 수도 있다. 하지만 권력은 **가상**Schein의 형태로라도 그런 시공간을 필요로 한다.

제2장

권력의 의미론

벌거벗은 폭력과 달리 권력은 **의미**Sinn와 결부될 수 있다. 그 의미론적 잠재력을 매개로 권력은 이해의 지평 속에 등장한다. 그런데 이때의 의미란 무엇인가? 무엇인가가 어떤 의미를 갖는다는 것은 무슨 말인가? A와 B와 C가 전적으로 우연하게 옆에 있게 되었을 경우 이 인접관계는 아무런 의미도 갖지 않는다. 이런 단순한 우연성이, 다시 말해 우연하게 옆에 있게 된 것이 특정한 **형상**을 통해 구조화될 때 비로소 의미가 생겨난다. A, B, C가 어떤 방식으로든 서로 관계 맺을 때, 다시 말해 그것들이 어떤 구조나 맥락 속에, 서로를 관련시키는 **관계 연속체**Bezugskontinuum에 편입될 때, 하나의 의미가 생겨난다. 이들을 묶어주는 구조가 완전히 붕괴하면 A

와 B와 C는 무의미해진다. 어떤 단어라 할지라도 그것의 모든 지시 관계가 공허해지면 총체적인 의미 상실을 겪는다. 언어란 한 단어나 한 문장이 의미를 갖게 해주는 지시 구조물이다. 하나의 도구 역시 그것이 무엇을 위한 것인가로부터, 곧 그 목적과 기능을 통해 의미를 얻는다. 그래서 의미란 관계 또는 관계 맺기의 현상이다. 무엇인가는 자기 자신을 넘어 관계망, 의미 연속체 혹은 의미 지평 속에 놓였을 때 비로소 의미를 얻는다. 이 의미 지평은 어떤 대상이나 사건을 그 자체로만 바라보는 대신 그를 이해하면서 다가가기 위한 전제가 된다. 이처럼 의미 지평은 의미를 이해하려 하는, 다시 말해 주제화하려는 지향성의 토대가 되지만 그 자체가 주제화될 필요는 없다. 어떤 이해나 행위를 효과적으로 통솔하기 위해서 권력은 일정한 의미 연관에 기대거나 스스로 의미 지평을 만들어내야 한다. 권력은 **의미 있음**Sinnvollen의 빛 속에서 등장할 때에야 비로소 안정성을 얻는다. 바로 이 점에서 권력은 폭력과 구분된다. 폭력은 모든 의미를 결핍하고 있기에 벌거벗은 채로 작동한다. 그와 반대로 벌거벗은 권력이란 존재하지 않는다.

　니체는 권력과 의미 생성 사이의 복합적 연관성을 강조한 최초의 인물이다. 그는 아주 기초적인 신체적 차원에서조차 권력을 의미에 연관시킨다. 의미는 권력이다. 니체는 "자신을 드러내는 것은 근본적으로 자신의 힘/권력을 타자에게까지 확장하는 것"[1]이라고 말한다. 이러한 점에서 기호는 "한 의지를 다른 의지에게 (종종 고통스러운 방식으로) 각인시키는 것"이다. 이렇게 보자면 "전유하려는 욕구"가 직접적으로 드러난, 상처를 입히는 육체언어야말로 최초의 언어일 것이다. 개념Be-griff이라는 단어 역시 이러한 폭력적 붙잡음Griff에서 연유한다. 권력자는 상처 내기와 고통스런 "찌름"을 통해 자신을 이해시킨다. 그렇기에 "타자에게 상처를 입히는 것"은 "더 강한 자의 기호언어"다. **매개가 결핍되어 있는** 이러한 권력의 의미론에 따르자면, 기호란 본래 상처일 것이다. 특별한 기호언어를 수용하고 이해한다는 것은 "타자의 정복"으로부터 생겨난 "고통을 수용하고 낯선 권력을 인정"하는 것이다. 여기에서 재빠른 이해력은 "되도록 매를 덜 맞으려는" 목적에 기여한다. "말한다는 것은 상처를 입히는 것이며 그

---

1) 니체의 과장된 수사학이 특히 잘 드러나는 대목이다. 수용소 거주자 '무젤만 Muselmann'에 대한 유명한 이야기는 끔찍한 방식으로 순수한, 나아가 절대적인 명령으로 축소되어버린 언어를 떠올리게 한다. 무젤만은 수용소 관리의 명령과 살을 파고드는 추위를 구별할 수조차 없었다고 한다. 여기에서 타자라는 단어는 상처 입힘 혹은 고통스러운 파고듦으로 육체적으로 체감되고 있다. 물리적 고통과 언어 사이의 이러한 밀접한 관계는 상처로서의 언어의 가능성을 보여주는 것이다(Friedrich Nietzsche, *Nachgelassene Fragmente 1882~1884*, Giorgio Colli & Mazzino Montinari 편, *Sämtliche Werke. Kritische Studienausgabe*, Bd. 10, München, Berlin & New York, 1988, S. 298).

것의 의미는 지배에 있다." 이해한다는 것은 복종한다는 것이다. 니체는 다음과 같이 주장할 수도 있었을 것이다. 주어에 따른 동사변화Konjugation, 굴절Beugung은 본래 타인의 의지에 자신을 **굴복**시키려는 의도에서 나온 것이라고.

니체는 명명을 주인의 권리라고 본다. 지배하는 자들은 "모든 사물과 사건에 고함을 질러 낙인을 찍음으로써 그것을 자기 소유로 삼는다."[2] 언어의 기원은 "지배자의 권력이 드러남"에서 찾을 수 있다. 언어란 "태곳적에 이루어진 사물들의 점유의 메아리"다. 니체는 모든 단어에서 "이제 이것은 이렇게 불려야 한다"는 "명령"을 듣는다.[3] 명명하는 것은 동시에 의미를 부여하는 것이기도 하다. 권력이 의미를 수립하는 것이다. "그렇게 되어야 한다!"는 것은 "명령하는 자이자 입법자"이기도 한 "본래적인 철학자들"이 내세우는 구호다.[4] 모든 단어는 권력의 단어다. 권력자가 사물의 의미와 그 지평을, 다시 말해 "어디로? 그리고 무엇을 위해?"를 규정한다. 권력자가 사물들의 해석이 의거하고 있는 **의미 연속체**를 수립하는 것이다. 동시에 이 의미 연속체는 권력자가 그 안에서

2) Friedrich Nietzsche, *Zur Genealogie der Moral*, KSA 5, S. 260.
3) Friedrich Nietzsche, *Nachgelassene Fragmente 1885~1887*, KSA 12, S. 142 참조.
4) Friedrich Nietzsche, *Jenseits von Gut und Böse*, KSA 5, S. 145.

자기 자신을 발견하는 **자아의 연속체**이기도 하다.

니체에 의하면 의미는 아무것도 아닌 것으로까지 밀려난 본래 그러함Es-ist-so, 즉 무관심적 직관 속에서나 발견된다는 사물과 세계의 본질So-sein이 아니다. 만일 의미가 소유나 지배에서 나오는 것이 아니라 사물의 본질에서 기인하는 것이라면, 명명하는 자란 권력자가 아니라 보는 자 혹은 듣는 자일 것이다. 하지만 니체가 말한 권력의 일원론은 사물들로부터 모든 본래 그러함을 앗아간다. 권력 의지의 결핍은 의미의 공허로 이어진다. 의미란 우리가 그저 받기만 하는 선물이 아니며, 권력과 무관하게 일어나는 **사건도** 아니다. 그것은 일종의 획득한 먹잇감이다. 권력이야말로 사물들에 **의미**를 부여하는 것이다. 이러한 관점에서 권력은 말이 없고 무의미한 강제가 아니다. 오히려 그 반대로 권력은 달변이다beredt. 권력은 사물들을 명명하고 그것의 '어디로'와 '무엇을 위해'를 규정함으로써 세계를 표명한다.

권력은 사물들이 그에 의거해 해석되는 의미 지평을 만듦으로써 사물이 **의미**를 갖게 만든다. 사물들은 **권력관계 속에서** 비로소 중요해지고 의미를 얻는다. 권력관계가 의미를 구성한다. 의미 그 자체라는 것은 없다. "의미란 관계의 의미이자 관점이라는 것이 필연적이지 않은가? 모든 의미는 권력의 의지이다(모든 관계 의미는 그리로 소급된다)."[5] 진리조차 권력과 결탁하고 있다. 진리는 권력 의지에 상응하는 구상 또는 구성물이다. 이 구성물이 "특정한 종류의 비非진리가 승리하고 지속되게"[6] 만든다.

이러한 점에서 모든 의미 구조물은 "관점을 가진 가치평가들"이며, "그 덕택에 우리는 삶을 유지할 수 있다. 다시 말해 권력 의지, 권력의 성장에 대한 의지 속에서 우리를 유지할 수 있다."[7] 모든 목표와 목적은 "단 하나의 의지의 표현 방식이자 그것의 변신"이며, 그 의지란 다름 아닌 권력 의지이다.[8] 의미의 발생은 권력의 발생이다. 이는 "권력 의지가 그보다 적은 권력을 갖는 어떤 것의 주인이 되어 기능의 의미를 각인시켰다는 것"을 뜻한다. 따라서 "사물"의 역사는 권력의 역사이기도 하며, "늘 새로운 해석들의 기호-연쇄의 지속"[9] 이기도 하다. "성장하려고 의욕하는 어떤 것"은 "성장하려고 의욕하는 다른 모든 것"을 자신의 가치에 따라, 자신의 권력 증가라는 관점에서, 자신의 **의미**에 따라 "해석"한다. 이러한

5) Friedrich Nietzsche, *Nachgelassene Fragmente 1885~1887*, KSA 12, S. 97.
6) Friedrich Nietzsche, *Nachgelassene Fragmente 1884~1885*, KSA 11, S. 699.
7) Friedrich Nietzsche, *Nachgelassene Fragmente 1885~1887*, KSA 12, S. 114.
8) Friedrich Nietzsche, *Nachgelassene Fragmente 1887~1889*, KSA 13, S. 44.
9) Friedrich Nietzsche, *Zur Genealogie der Moral*, KSA 5, S. 314.

방식의 "해석"의 근저에는 "무엇인가에 대해 주인이 되려는"[10] 의도가 놓여 있는 것이다.

니체의 권력론은 분명 전쟁학Polemologie의 성격을 띠고 있다. 하지만 그것은 동시에 권력의 시학Poetologie이기도 하다. 권력은 "시적"[11]이다. 권력은 늘 새로운 형태와 새로운 관점을 산출해낸다. 그렇기에 권력은 하나의 관점을 절대적인 것으로 만드는 전제적 지배를 목표로 하지 않는다. 권력의 시학에는 그와 다른 지향성이 내재한다. 니체는 건축가가 "늘 권력의 암시 하에 있다"고 말한다. 건축가들에게 영감을 준 사람들은 가장 힘 있는 인간들이었다. 건축이란 "형태에 있어서의 권력의 달변이다."[12] 권력은 형태를 창조하면서, 형태속에서 자신을 드러낸다. 곧 권력은 가로막거나 억압하는 것과는 완전히 다른 것이라는 말이다. 공간을 창조하는 가운데건축가는 하나의 **형태 연속체**를 산출해내고 그 안에서 **자기 자신**으로 머문다. 그러한 공간을 기획하면서 건축가는 **자기 자신**을 기획한다. 권력은 **자기 자신**이 **공간적**이 되도록, 공간적으로 성장하도록 한다. 권력은 자기가 창조하는 신체가 세계

10) Friedrich Nietzsche, *Nachgelassene Fragmente 1885~1887*, KSA 12, S. 140.
11) Friedrich Nietzsche, *Nachgelassene Fragmente 1880~1882*, KSA 9, S. 637.
12) Friedrich Nietzsche, *Götzen-Dämmerung*, KSA 6, S. 118.

를 향해 **연장되도록** 만든다.

물론 그 연장Extension은 폭력적 성격을 띨 **수도** 있다. 그렇다고 연장이 그 자체로 폭력인 것은 아니다. 권력으로부터 억압적 작용이 나올 수도 있다. 그렇다고 권력이 그 억압적 작용에서 생겨나는 것은 아니다. 따라서 권력은 야코프 부르크하르트의 유명한 구절과는 달리 "그 자체로 악"이 아니다. [13]

---

13) 부르크하르트는 권력에 대해 다음과 같이 썼다. "그러한 점에서 권력은 누가 그것을 행사하건 그 자체로 악이다. 권력은 고집스러움이 아니라 탐욕이며, 그 자체로 충족될 수 없기 때문에 그 자체로 불행하며, 다른 사람들도 불행하게 만든다"(Jacob Burckhardt, *Weltgeschichtlichen Betrachtungen*, Stuttgart, 1978, S. 97). 또한 카를 슈미트는, 부르크하르트에게 권력의 악한 얼굴을 보여준 권력자들은 모두 근대의 권력이며, 악한 권력이라는 테제는 19세기 이후에야 확산된 것이라고 지적한다. 슈미트는 권력에 대한 이러한 유죄선고가 권력이 인간화됨으로써 생겨났다고 추정한다(Carl Schmitt, *Gespräche über die Macht und den Zugang zum Machthaber. Gespräch über den Neuen Raum*, Berlin, 1994, S. 25 이하 참조). 권력의 탈신학화 혹은 세속화는 권력으로부터 신적인 것의 후광 혹은 신적 정당성을 박탈했다. 이러한 역사적 맥락 속에서 니체의 "권력 의지"를 둘러싼 철학은 특별한 의미를 얻는다. 니체가 권력을 보편적 원리로 고양시킴으로써 권력에 존엄성을 되돌려주고 있기 때문이다. 권력은 실추된 "땅"으로부터 신적인 넓이를 회복한다. 초기 니체는 아직 긍정적인 권력 개념을 가지고 있지 않았다. 그래서 그는 부르크하르트의 악한 권력 테제를 따랐다. 하지만 형식적으로만 그러했다. 이때도 니체는 '그 자체로 악한' 권력을 예술과 문화의 발생 과정에 편입시키고 있기 때문이다. 말하자면 권력은 필요악이다. 권력은 "프로메테우스라는 문화의 후원자의 몸을 쪼아대는 독수리"와 같다. 그러한 점에서 예술과 문화는 "끔찍한 토대" 위에서 융성한다. 이러한 이론에 따르면 권력은 직접 혹은 긍정적으로 문화와 예술의 형성에 참여하지는 않는다. 그렇지만 권력은 동시에 문화와 예술의 부정적 효소이다(Friedrich Nietzsche, *Nachgelassene Schriften 1870~1873*, KSA 1, S. 767 참조).

권력을 악마화하면 권력이 갖는 의미론적 작용을 보지 못한다. 니체에 따르면 권력의 의미론적 작용이야말로 벌거벗은 목소리를 언어로, 곧 의미와 함께 짜여 있는 **언어**로 변신시키는 것이다. 니체가 말한 권력의 일원론이 갖는 문제점은 모든 의미 발생을 권력 발생으로 해석한다는 데에 있다.

푸코도 "권력을 금지라고 하는 부정적이며 몸통 없는 형태로만 이해하려는 경향"[14]을 비판한다. 바로 그러한 경향이 푸코의 권력 이론을 바라보는 관점까지 왜곡시킨다. 예를 들어, 사람들은 푸코에게 있어서 권력의 역사는 "상실의 역사"라고 말한다.[15] 그러나 푸코는 그와 달리 다음과 같이 비판한다.

---

14) Michel Foucault, *Der Wille zum Wissen*, S. 106.

15) Hinrich Fink-Eitel, *Foucault zur Einführung*, Hamburg, 1989, S. 115 참조. 푸코의 권력 이론에 대해 아감벤 역시 부정적인 형태로만 받아들인다. 아감벤은 푸코가 권력 분석에서 계속 강조하고 있는 긍정성을 다시 제거한다. 그래서 아감벤은 푸코가 죽음에 대한 위협이 아니라 삶을 관리하고 조직하려는 지향성을 갖는 것으로 이해하는 "생명권력"을, "절대적으로 죽일 수 있는 삶", 모든 법적 매개를 결여하고 있는 벌거벗은 삶, 곧 호모 사케르를 생겨나게 하는 폭력과 동일시한다. 여기에 대해서는 Giorgio Agamben, *Homo sacer. Die souveräne Macht und das nackte Leben*, Frankfurt a. M., 2002, S. 95 참조. 하지만 푸코는 그와 달리 "생명권력"을 규범과 규범화를 통해 삶을 조정하는, 다시 말해 그를 구조화하고 거기에 의미의 외피를 입히는 사건들이라고 해석한다. 그런 생명권력은 배제나 차단이 아니라 관리와 조직을 목표로 한다. 권력을 여전히 계급투쟁이라는 관점에서만 받아들이는 악셀 호네트 역시 권력의 긍정성이나 생산성을 인지하지 못한다. 이것이 그가 하버마스에 대해 설명하면서 기이하게도 하버마스의 "의사소통적 권력" 이론을 다루지 않는 이유이기도 하다. "의사소통적 권력"은 공동의 행위, 공통의 행위기획을 담지한다는 점에서 긍정적이다. 이에 대해서는 Axel Honneth, *Kritik der Macht. Reflexion-*

"권력은 본질상 억압하는 것이다. 권력은 자연과 본능을 억압하고, 한 계급을 억압하며, 개인을 억압한다. 권력을 억압으로 정의하는, 수백 번 반복된 이러한 정의가 현시대 담론에서 발견된다. 하지만 이는 현시대 담론이 만들어낸 것은 아니다. 가장 먼저 헤겔이 그렇게 말했고, 이후 프로이트가, 다음엔 라이히가 그렇게 정의했다. 그를 통해 "억압하는 기관"이라는 용어가 오늘날 권력에 대한 거의 자동적인 명칭이 되었다."[16] 억압이란 특정한, 곧 **매개가 부족하거나 없는** 권력의 **한** 형태에 불과하다. 권력은 억압에서 **기인하지** 않는다. 푸코는 여러 번 권력에 대한 이러한 부정적 개념으로부터 거리를 둔다. "권력이 '배제하고' '억압하고' '억누르고' '검열하고' '추상화하며' '감추고' '은폐한다'고 권력 작용을 부정적으로만 묘사하는 일을 그만두어야 한다. 오히려 권력은 생산적이다. 권력은 실재를 생산해낸다."[17] 권력은 "힘을 가로막고 종속시키거나 제거하는 대신, 그 힘들을 산출하고 자라게 하며 질서

---

sstufen einer kritischen Gesellschaftstheorie, Frankfurt a. M., 1985 참조.

16) Michel Foucault, *Dispositive der Macht. Über Sexualität, Wissen und Wahrheit*, Berlin, 1978, S. 71. 어떤 점에서는 푸코 자신도 이러한 선입견의 희생자이다. 헤겔에게서 권력은 억압과 완전히 다른 것이기 때문이다. 헤겔은 그 누구보다 먼저 "자유로운 권력"의 개념을 내세운 사람이다. 권력과 자유를 밀접하게 관련시켰다는 점에서 헤겔의 권력 이론은 특별하다.

17) Michel Foucault, *Überwachen und Strafen. Die Geburt des Gefängnisses*, Frankfurt a. M., 1976, S. 250.

를 세운다."[18] 신체와 권력의 연관관계에 대해 푸코는 이렇게 이야기한다. "권력이 [사람들을] 지배하고, 사람들이 권력을 받아들이는 이유는 권력이 행하는 금지의 폭력 때문만이 아니다. 그것은 권력이 사실상 신체를 관통하고, 사물들을 산출해내고, 쾌락을 일으키고, 지식을 산출하며, 담론을 생산해낸다는 단순한 이유 때문이다. 권력은 사회적 신체 전체를 포괄하는 생산적 망으로 파악되어야 한다. 권력을 억압 기능을 수행하는 부정적 심급으로만 보아서는 안 된다."[19]

권력의 생산성에 대한 이러한 푸코의 지적은 거의 주목받지 못했다.[20] 하지만 그렇게 된 책임은 푸코 자신에게도 있다. 권력을 분석하면서 그가 일면적으로 강제적 실천이나 투쟁의 패러다임으로만 향해 있었기 때문이다. 권력의 긍정성과 생산성을 드러내려면 권력을 그 의미론적 잠재력의 차원에서 분석해야 했다. 푸코는 『광기의 역사』를 쓸 당시에는

18) Michel Foucault, *Der Wille zum Wissen*, S. 185.
19) Michel Foucault, *Dispositive der Macht*, S. 35.
20) 페미니즘 논의에서도 권력이 폭력이자 억압으로 정의되는 일이 잦다. 또한 그렇게 정의한 권력에 추상적으로 권력의 피안을 대립시킨다. 예컨대 "권력과 통제는 의미상 거의 동의어다. [⋯⋯] 이 두 개념은 동전의 양면처럼 관계한다. '권력'은 어떤 폭력적인 것, 밖을 향해 있는 것을, 막강한 주먹을 암시한다. 반대로 '통제'는 냉혹함, 철저히 계산된 도구를 생각나게 한다. 이 두 개념을 운동으로 표상한다면, 그것은 안을 향한 누름을 산출하는 운동이다. 곧 내리누름, 짓누름, 억압, 압박이 그것이다"(Marilyn French, Cornelia Holfelder-von der Tann 역, *Jenseits der Macht. Frauen, Männer und Moral*, Reinbek, 1985, S. 807).

"전적으로 부정적인 권력 개념"만 가지고 있었다[21]고 고백했다. 그가 생산적으로 작용하며 실재를 산출해내는 권력 메커니즘에 주목하게 된 것은 나중의 일이었다. 후기 푸코는, 특정한 강제나 권력 메커니즘에 의해 사후적으로 왜곡되거나 소외되었기에, 해방시키거나 본래적 순수성을 회복시켜야 한다는 어떤 "본성"이나 "본질"을 믿지 않는다. 왜냐하면 이들 전부가 이미 권력 작용이기 때문이다. 바로 여기에 푸코의 권력 일원론이 있다. "사람들이 이야기하는 인간, 해방시켜야 한다고 말하는 인간은 그 자체로 이미 뿌리 깊은 복종의 결과물이다. 인간에게 내재하면서 그를 존속하게 하는 '영혼'은 그 자체로 이미 인간의 신체에 권력을 행사하는 지배의 한 조각이다. 영혼이란 정치적 해부학의 효과이자 도구이다."[22] 푸코는 권력을 금지나 강제라는 좁은 틀에서는 벗겨냈지만, 그의 권력 일원론은 사회적인 것을 절단해버렸다. 사회적 **의미**를 산출하는 것은 권력만이 아니기 때문이다.[23]

21) Michel Foucault, *Dispositive der Macht*, S. 105.
22) Michel Foucault, *Überwachen und Strafen*, S. 42.
23) 영혼은 "정치적 해부학의 효과이자 도구" 이상의 것이다. 푸코에게 레비나스의 "영혼화animation, psychisme or inspiration"는 불가능한 것이다. 레비나스는 그러한 "타자에게 열려 있음, 타자로의 수동성" —— 권력이나 지배의 능동성에 대립하는—— 을 전혀 다른 종류의 복종이라고 부른다(Emmanuel Lévinas, *Jenseits des Seins oder anders als Sein geschieht*, Freiburg & München, 1992, S. 162 참조).

섹슈얼리티에 대해서도 푸코는 억압이라는 테제를 의문시한다. 섹슈얼리티는 권력이 늘 금지하고자 하는 충동이 아니다. 권력은 무균질의 상태를 만들어내는 대신 오히려 쾌락의 배아들을 증식시킨다. 권력은 섹슈얼리티를 무조건 침묵하게 만들지 않는다. 오히려 권력은 "담론적 과민성Erethismus"[24]을 발전시킨다. 권력은 신체를 말하게 한다. 날카로운 질문들이 새로운 쾌락 감각을 일깨워내면, 통제하는 시선들이 그것을 고착시키면서 증강시킨다. 말하자면 "섹슈얼리티의 경향성Dispositiv"은 금지의 법칙이 아니라 "자극과 증식의 메커니즘"[25]인 것이다. 권력은 쾌락의 감소가 아니라 쾌락의 증가로 우리를 이끈다. 감시 관계는 살갗을 자극하는 유도 접촉Induktionskontakte으로 모습을 바꾼다. 권력은 끊임없이 **떠들고 말하는** 성적인 신체를 형성한다. 이러한 방식으로 성적 쾌락의 의미론은 권력의 의미론과 결부되어 있다. 신체는 결코 벌거벗고 있지 않다. 푸코에 따르면 신체에는 권력 작용이나 다름없는 의미들이 관통하고 있기 때문이다.

금지를 명하는 법적인 권력 형태는 권력의 "이중효과"를 포착하지 못한다. "권력은 낯선 자들을 유혹해 자신에게 오게

---

24) Michel Foucault, *Der Wille zum Wissen*, S. 46.
25) 같은 책, S. 62.

하는 사이렌처럼 기능한다. 쾌락은 권력에 추격당하면서 바로 그 권력의 주변에 흩뿌려진다. 권력은 자신이 몰아대는 쾌락을 정박시킨다."[26] 그런데 푸코는 권력이 자신의 본래 의도와 달리 쾌락을 일깨울 뿐 아니라 **그 쾌락에 영향력을 행사할** 가능성을 보지 않는다. 이 경우 쾌락은 금지와 더불어 생겨나기만 한 게 아니다. 오히려 권력은 **영향력을 발휘하기 위해** 스스로 쾌락을 산출해내기도 한다.

한편에는 법을 부여하는 권력을, 다른 한편에는 그에 복종하는 주체를 배치하는 법적인 권력 도식은, 푸코에 따르면 "권력의 전략적 풍부함과 긍정성"을 말해주지 않는다.[27] 푸코는 법과 금지 등의 개념으로는 파악되지 않는 권력 형태, 무엇인가를 가로막거나 축소시키는 대신 산출하면서 작용하는 권력 형태에 주목한다. 그러한 권력은 "사회적 장의 전 표면과 두께에서 관계 맺기, 연결, 전환, 배분 등의 시스템에 따라 작동"[28]한다. 그러한 권력은 "특정 영역을 가득 채우고 조직하는" 다양한 "복수적 힘의 관계들"[29]로 모습을 드러낸다. 권력은 경계선을 설치하거나 파괴하는 대신, 기호와

26) 같은 책, S. 60.
27) Michel Foucault, *Überwachen und Strafen*, S. 106.
28) Michel Foucault, *Mikrophysik der Macht. Über Strafjustiz, Psychiatrie und Medizin*, Berlin, 1976, S. 114.
29) Michel Foucault, *Der Wille zum Wissen*, S. 113.

의미 들로 채워진 관계 체계를, 커뮤니케이션 망을 산출해내는 것이다.

푸코는 『감시와 처벌』에서 "권력의 세 가지 테크놀로지"[30]에 관해 이야기하는데, 이는 그 의미론적 작용에 따라 다음과 같이 서술될 수 있다. 그가 첫번째로 다루는 것은 주권자적 권력이다. 이 권력은 칼의 권력으로 위에서 아래로 빛을 비추듯 작동한다. 이 권력은 육중한 방식으로 자신을 과시하고, 복수나 투쟁, 승리라는 형태를 띤다. 범죄자는 싸워 이겨야만 하는 적이다. 주권자적 권력의 언어가 **"피의 상징"**으로 국한되어 있다는 점에서 이 권력은 분화와 매개 수준이 낮다. "피 또는 올바른 '혈통'의 사회: 전쟁의 명성, 배고픔에 대한 불안, 죽음의 승리, 칼 · 심판 · 고문의 주권성 속에서 이 권력은 **상징적 기능을 가진 실재**인 피를 통해 이야기한다."[31] 피는 **의미를 발한다.** 고문당한 신체도 기호처럼 작동한다. 그 신체는 "표지Mal"이다. 그것은 의미를 갖는 경고 표지이다. 주권자적 권력은 뭉개진 신체 혹은 고문자가 신체에 남겨놓은 상처 자국을 통해 말한다. 그러한 권력은 "신체의 주위에, 더 정확히 말하면, 판결받은 신체에 결코 지워져서는 안 되는 기

---

30) Michel Foucault, *Überwachen und Strafen*, S. 170.
31) Michel Foucault, *Der Wille zum Wissen*, S. 175 이하.

호를 이식한다."[32] 이러한 점에서 고문은 기호와 상징을 통해 이루어지는 **연출**이자 하나의 제의이다.

권력의 두번째 테크놀로지인 시민적 법률의 권력은 자신의 고유한 기호 체계를 사용한다. "이것은 눈에 잘 띄지는 않지만 강제적인 확실성으로 모든 이의 정신을 순환하는 표상과 기호 들의 게임이다."[33] 이 권력은 기호와 표상을 순환시킴으로써 작용한다. 여기에는 칼이 아니라 법을 만들어내는 펜이 동원된다. 이를 통해 권력은 강제적 폭력이 아니라 '강제적인 확실성'으로 등장한다. 이 권력은 테러가 아니라 이성을 통해 작용하려 한다. 펜은 권력을 칼보다 더 안정적인 토대 위에 세운다. 푸코는 칸트와 동시대 인물인 세르반J. S. Servan을 인용한다. "'정신'은 권력이 손에 쥐고 있는 율법판이다.〔권력은〕펜의 의미론을 갖추고 생각을 규제함으로써 신체를 복종시킨다. 표상의 분석은 고문의 제의적 해부학보다 더 효과적인 신체의 정치 원리다.〔……〕동료 시민들의 머릿속 생각의 사슬을 붙잡을 수 있다면, 너희는 그들을 이끌 수 있고 그들의 주인이 될 수 있다. 노예를 강철로 된 사슬로 묶어두는 자는 아둔한 전제자일 뿐이다. 참된 정치가는 노예 자신의

---

32) Michel Foucault, *Überwachen und Strafen*, S. 47. 강조는 저자.
33) 같은 책, S. 129.

생각의 사슬로 그들을 더 확실하게 묶어둔다. 그 사슬의 다른 쪽 끝은 불변하는 이성의 질서에 묶여 있다."[34] 이 권력은 주권자적 권력보다 더 안정적이다. 왜냐하면 이 권력은 외부가 아니라 내부에서부터, 다시 말해 외적 강제 없이 작용하기 때문이다. 이 권력은 자유와 복종이 함께 일어나게 한다.

펜 혹은 정신의 권력은 분출하는 방식으로 드러나지 않는다. 이 권력은 도덕적 표상이나 법에 대한 존중을 통해 조용하게 효과를 발휘한다. 정신은 날것인 폭력이 아니라 **매개**에 의거하기 때문이다. 이 권력은 예측할 수 없고 무규칙적이거나 분출하는 방식으로 작용하는 칼의 권력과 다르다. 권력은 한 사회를 관통하고 있는 생각과 표상 들의 연속체를 형성함으로써 연속적으로 작용한다. 정신의 권력은 법의 권력이다. 이 법은 "기표 체계"[35]로 유통되어 "모든 것을 말하고, 설명하며, 스스로를 정당화하고 확신시키는, 가시적이며 말이 많은 처벌"[36]을 통해 계속 갱신된다. "제의적 재코드화"[37]를 위

---

34) 같은 책, S. 131. 그래서 모든 교육자와 시인은 붓을 손에 들고, '영원한 이성'의 도덕주의자 혹은 사절단이 된다. "모든 시민은 자신을 가득 채우고 있는 끔찍한 이미지와 그것을 치유하는 생각을 가족에게 전파할 것이다. 그는 가족을 자기 주위에 모아놓고, 불타오르는 가슴으로 열심히 귀를 기울이는 아이들에게 이야기해줄 것이다. 그를 통해 이 아이들의 어린 기억에는 범죄와 처벌에 대한 생각이, 법률과 조국을 향한 사랑이, 정부 기관들에 대한 존경과 신뢰가 지워지지 않고 각인될 것이다"(같은 책, S. 145).

35) 같은 책, S. 166.

해 법조문, 플래카드, 상징과 텍스트가 투입되며, 이것들은 권력이 "시민 법전의 장터축제"에서 순환되게 한다.[38] 여기에서 처벌은 주권자의 권력을 더 이상 과시하지 않는다. 그것은 기표 체계의 갱신에 기여하는 하나의 "강의Lektion"이다. 시민 법전의 장터축제에서 수많은 말과 함께 기호적으로 자신을 드러내는 권력, 동화를 통해 어린 기억에까지 기입되는 권력은 성급하고 **매개 없이** 작동하는 주권자적 권력과는 반대로 **매개에 의거한다.**

　권력 공간이 의미로 차 있는 공간이 된 것은 시민 법전의 시대가 처음이 아니다. 중세 시대 왕의 행차는, 그의 권력이 근거하는 연맹 관계를 과시하는 기호의 축제였다. 그것은 권력을 의미 있는 것으로 나타나게 한다. 권력은 의미의 가상을 통해 작동한다. 연맹 관계를 상징적으로 갱신하는 이러한 행차와는 반대로 "끔찍함의 병기창"과 함께 열리는 "고문의 축제"는 의미와 매개가 매우 빈곤하다. 매개 구조가 이렇듯 서로 다른데도 불구하고 이 두 권력 형태는 하나의 **연속체**를 이끈다.

　권력의 세번째 테크놀로지인 규율권력은 상처나 표상보다

36) 같은 책, S. 145.
37) 같은 책, S. 143.
38) 같은 책, S. 396.

더 깊숙하게 주체 속으로 파고들어 간다. 이 권력은 신체 내부로 들어가 거기에 "흔적"을 남기며, 그를 통해 **습관의 자동주의**를 만들어낸다. 규율권력은 법전의 권력처럼 은밀하고도 미세하게 작용하면서도 표상이라는 우회로를 거치지 않기에 더 직접적이다. 규율권력은 반성Reflexion이 아니라 반응 Reflexe을 통해 작동한다. 푸코는 감옥의 출현을 규율권력과 관련시키는데, 여기에서는 법적 주체를 재생하는 일보다 "순종적 주체를 형성"하는 것이 추구되었다. "철저한 시간 계획, 습관의 전유, 신체의 속박을 통해 특정한 태도를 훈련"[39]시킴으로써, "시간, 공간 그리고〔신체〕움직임을 세부사항에 이르기까지 코드화하는" "집약적 교정학"[40]이 시도되는 것이다.[41] 이렇게 해서 습관의 자동주의가 자리 잡게 되면 권력은 "더 이상 이전의 수고를 할 필요가 없게 된다"[42]고 푸코는 말한다. 그렇기에 이 권력은 **일상성**의 모습을 띠고 있다.

이 규율권력은 차별화된 **언어**를 지닌다. 규율권력은 상처를 입히는 대신 살과 피가 되려고 한다. 규율권력은 칼이 아니라 규범 혹은 규범성을 통해 작동한다. 푸코는 이 권력에도 긍정

---

39) 같은 책, S. 167.
40) 같은 책, S. 169.
41) 같은 책, S. 175.
42) Michel Foucault, *Mikrophysik der Macht*, S. 123.

성과 생산성을 부여한다. 규율권력은 신체를 형성하고 구조화하며, 특정한 목적을 가지고 있는 새로운 운동과 제스처, 신체적 태도를 산출해낸다. 이 권력은 "무정형적인 반죽"으로부터 "기계"를 만들어낸다. "사람들은 조금씩 이런 태도에 익숙해진다. 철저히 계산된 강제가 모든 신체 부위에 관철되고 그것을 지배할 때까지, 신체 전체를 유지시키고 동원 가능하게 만들며, 비밀리에 습관의 자동주의가 관철될 때까지."[43] 아예 형태를 부여하는 이 권력 작용 앞에서, 신체를 권력관계로부터 완전히 해방시켜야 한다고 주장하는 권력 비판은 추상적일 수밖에 없을 것이다. 규율권력에는 강제들이 결합되어 있기는 하지만, 이로부터 생산적인 작용 또한 생겨나기 때문이다.

   푸코는 기술-정치적 장[場]에서 형성되고 활용되는 신체와 해부학적, 형이상학적 장에서 분석되는 라메트리Julien Offray de La Mettrie의 **인간-기계** 사이에는 비밀스러운 상응관계가 있다고 말한다. 분석 가능한 신체를 조작 가능한 신체와 접합시키는 연결고리는 "고분고분함"에 관한 믿음이다. 규율권력은 복종하고, 말을 잘 듣고, 고분고분한 신체를 생산해낼 뿐만 아니라, 담론 또한 생산해낸다. 말하자면 규율권력은 지식도

---

43) Michel Foucault, *Überwachen und Strafen*, S. 173.

산출해낸다. 권력은 철학적, 형이상학적 담론으로서의 인간-기계를 규율권력과 소통시킨다. 푸코는 "지식은 권력관계가 지연된 곳에서만 있을 수 있다는 생각, 지식이란 권력의 명령, 요구, 이해관계의 외부에서만 전개될 수 있다"[44]는 생각에서 출발하는 사유 전통을 거부할 것을 요구한다. "권력이 광기를 만들어내며, 권력을 포기해야만 현자賢者가 될 수 있다"는 믿음을 거절하라는 것이다. 이는 지식의 장을 구성하지 않는 권력관계란 존재하지 않으며, 나아가 권력관계로부터 완전히 자유로운 지식 또한 존재하지 않는다는 것이다.

푸코는 규율권력에서 중요한 건 "신체 언어" 혹은 "기호"가 아니라 "운동과 그 조직 내부의 경제와 효율성"[45]이라고 지적한다. 하지만 이러한 에너지, 경제적 영향력이 규율권력의 전부는 아니다. 규율권력은 신체를 가공할 뿐 아니라 그를 **기술**記述하기도 하기 때문이다. 규율권력은 신체를 의미 망 속에 기입함으로써 자신의 것으로 만든다. 규율권력이 신체에 남기는 "흔적들"은 늘 무엇인가를 의미하며,[46] 그 흔적들이

44) 같은 책, S. 39.
45) 같은 책, S. 175.
46) 푸코는 신체의 역사적 의미성에 대해 이렇게 말한다. "신체는 직접적으로 정치적인 장 속에 존재한다. 권력관계가 그 신체에 손을 대고 있는데, 그것이 신체의 옷을 갈아입히고, 표시를 하고, 훈련시키며, 고문하고, 일을 하도록 강제하며, 제의 참여를 의무화하고, 신체로부터 기호를 요구한다." 곧 신체는 그때마

영혼을 이루는 것이다.

폭력과는 달리 권력은 의미 혹은 **의미성**의 매개를 통해 작동한다. 권력의 영향력이 폭력적 형태로 드러날 때도, 다시 말해 상처 역시 하나의 **의미를 갖는 기호**이다. 주권자적 권력이 갖는 무게와 둔중함이 없기는 하지만 시민 법전의 기표 체계 역시 생각을 통해 행위를 조정하는 의미 연속체이다. 규율 권력 또한 의미 구성체들로 이루어진 "관습의 연결망"[47]으로 짜여 있다.

어느 강의에서 푸코는 이렇게 이야기했다. "19세기에 권력은 특정한 집단에게 부과되는 관습을 통해 작동하게 되었다. 이제 권력은 특별한 노력을 할 필요가 없다. 가장 간계스럽고도 일상적인 규범이라는 형태를 띠게 됨으로써 권력은 권력으로서의 모습을 숨기고 사회로서 모습을 드러내게 된다."[48] 권력은 스스로를 숨기고, 자신을 일상적인 것 혹은 자명한 것으로 드러냄으로써 효율과 안정성을 증가시킨다. 바로 여기에 **권력의 간계**가 있다. 하지만 강제나 위협 없이 "습관의 자동주의"를 통해 작동하는 권력은 19세기에만 있었던 것이 아

다의 권력과 지배관계에 의해 새롭게 기술되는 것이다. 신체는 이러한 점에서 정치적 의미성을 지니고 있다(같은 책, S. 37 참조).

47) Michel Foucault, *Mikrophysik der Macht*, S. 122.
48) 같은 책, S. 123. "간계"라는 표현은 문제가 있는데, 그것이 어떤 부정적인 의도를 좇는 행위자 혹은 확인할 수 있는 주체를 상정하고 있기 때문이다.

니다. 그러한 권력은 일정 정도의 복잡성을 지닌 모든 사회에서 작동하고 있다.

푸코가 감옥, 군대 또는 병원에서 찾아내는 정형외과적 권력은 무엇보다 신체에 집중되어 있다. 푸코는 신체에 시선을 고정시킨 나머지 상징적 차원에서 관습화하는 방식으로 작용하는 권력을 충분히 고려하지 못한다. 아비투스Habitus는 한 사회 집단의 경향이나 관습을 지칭한다. 그것은 특정한 지배 질서를 관철시키는 데 기여하는 가치나 지각 형태를 내면화함으로써 생겨난다. 반성 이전에 작동하면서 신체적으로 작용하는 아비투스는 현존하는 지배 질서로의 편입을 가능하게 하는 습관의 자동주의를 산출해낸다. 그로 인해 사회적 소수자들이 오히려 자신들을 배제했던 지배 질서를 공고화하는 태도 전범에 따라 행동하게 된다. 이러한 점에서 아비투스는 신체적인 것에서도 작동하는 지배 질서를, 의식하기도 전에 긍정하고 승인하게 해준다.[49] 우리가 사회적 위치 때문에 택할 수밖에 없는 것을 우리 **스스로의** 선택이라고 여기게 만드는 것도 이것이다. 해야만 하는 것이 "자유로운 선택에 의한 취향이라고 양식화된다."[50] 이를 통해 "희생자들이 사회적으

---

49) "정치적 복종은 신체의 태도에, 주름살과 습관 속으로, 두뇌의 자동주의로 침전해 들어간다"(Pierre Bourdieu, *Satz und Gegensatz. Über die Verantwortung des Intellektuellen*, Berlin, 1989, S. 43 참조).

로 부여된 운명에 스스로를 봉헌하고 희생하게 만드는 **아모르 파티**amor fati, 즉 운명에 대한 사랑"[51]이 생겨난다. 운명이 자유로운 선택인 양 체험되는 것이다. 피지배자들이 그 자체로 부정적인 자신의 상태를 자기 취향으로 삼게 된다. 빈곤이 스스로 선택한 삶의 방식이 되고, 강제나 억압이 자유로 여겨지는 것이다. 아비투스는 지배적 권력관계가 합리적인 근거들과 무관하게 거의 마법적 방식으로 재생산되도록 만든다. 부르디외Pierre Bourdieu의 아비투스 이론이 분명하게 보여주는 것은 권력은 강제라는 모습으로 등장할 필요가 없다는 사실이다. 오히려 권력은 자유의 감정을 불러내는 곳에서, 어떠한 폭력도 필요로 하지 않는 곳에서 가장 막강하고 가장 안정적이다. 이때의 자유는 사실일 수도 있고 가상일 수도 있지만 어쨌든 그것은 권력을 안정시키고 구성하는 데 기여한다.

　아비투스에 의해 확립되거나 안정되는 권력은 상징적 차원에서 작동한다. 그 권력이 발휘하는 효과는 "물리적 강함의 차원이 아니라 의미와 인식의 차원"[52]에 달려 있다. 권력은

---

50) Pierre Bourdieu, *Die feinen Unterschiede. Kritik der gesellschaftlichen Urteilskraft*, Frankfurt a. M., 1982, S. 290.

51) Pierre Bourdieu, "Die männliche Herrschaft", Irene Dölling & Beate Krais 편, *Ein alltägliches Spiel. Geschlechterkonstruktion in der sozialen Praxis*, Frankfurt a. M., 1997, S. 153~217, 특히 S. 162.

52) "예를 들어, 라틴어 단어가 보여주듯이 고귀한 인간nobilis, 즉 "유명한" "인

기호와 의미 형성물을 활용하여 특정 집단의 지배를 정당화하는 가치 체계나 세계관을 확립한다. 권력에 복종하는 자들은 그것이 마치 자연적 질서인 양 따른다. 여기서 권력은 피지배자의 이해와 의미 지평을 형성함으로써 작용한다. 그를 통해 권력은 지배층을 위한 의미 연속체를 만들어내는데, 이것은 동시에 **자아**Selbst**의 연속체**이기도 하다. 이러한 권력의 연속체는 금지를 통해서가 아니라 **자기**selbst**-이해**verständlich**성**keit, 곧 자명성Selbstverständlichkeit을 통해 작용한다. 이러한 의미 경험들은 대개의 경우 선先의식적이다. 사회적 의미는 언제나 어떤 권력과 지배의 차원을 함축하고 있으며, 거기에는 다양한 권력관계가 표현되어 있다. 사회적 의미는 상징적으로 작동하는 권력의 침전물인 것이다. 권력은 결코 **벌거벗고 있지 않다.** 오히려 권력은 **달변**이다. 권력은 특정한 지배질서를 정당화하고 유지하는 데 기여하는 관점이나 해석의 전범을 산출함으로써 작동된다. 그러한 관점이나 해석 전범

정받은" 인간이 있다. 힘의 역관계라는 물리주의에서 벗어나 인식의 상징적 관계를 도입하려 하면, 우리는 강제적 대안의 논리로 인해 곧바로 다시 주체/의식 철학의 전통에 빠져들게 되고 이러한 승인의 행동을 복종하는 자의 자유로운 행동 또는 비밀스러운 동의라고 생각하게 된다. [……] 피지배자를 포함하는 사회적 행위자들은, 이렇게 받아들인 공모 관계를 통해 (그들이 그를 얼마나 혐오하는지 그것이 얼마나 분노하게 하는지와는 무관하게) 사회적 세계와 결합되며, 이 공모 관계가 이 세계의 일정한 측면들을 비판적인 문제시에서 벗어나도록 한다"(Pierre Bourdieu, *Satz und Gegensatz*, S. 43).

들은 신체적 차원에도 영향을 미친다. 사회적 의미는 "자연이 되어버린, 즉 운동적 도식과 자동적 신체 반응이 되어버린 사회적 필연성"을 통해 행위들이 "의미를 갖도록, 다시 말해 일상적 이해로 무장하도록" 만든다. 이 이해는 마치 습관적 반사 운동처럼 직접적으로 일어나기에 그 의미 자체에 대해서는 질문하지 않는다. "행위자들이 자신이 행하는 것의 의미를 결코 정확히 알지 못하기 때문에, 그들의 행위는 그들 자신이 아는 것보다 더 많은 의미를 지닌다."[53]

하지만 권력은 아비투스에만 기입되어 있는 것은 아니다. 특정 대중에게 민족주의 의식을 불어넣거나 민족 문화를 형성하는 등, 상징이나 이야기를 통해 이루어지는 과정 역시 하나의 의미 연속체를 생성하며 권력은 이를 활용한다. 권력은 파편화를 싫어한다. 동질적이고 민족국가적인 의미 형성체를 만들어내는 것이 대중의 충성과 그것을 통한 지배를 보장하기 때문이다. 이러한 점에서 여기서도 권력의 일반적인 의미론이 통용된다.

아비투스 이론을 하이데거Martin Heidegger의 『존재와 시간』에 나오는 "일상성Alltäglichkeit" 분석에 적용하면 사회학적 관

53) Pierre Bourdieu, *Sozialer Sinn. Kritik der theoretischen Vernunft*, Frankfurt a. M., 1987, S. 127.

점에서 재해석할 수 있다.[54] 일상성에 대한 현상학적 분석에서 하이데거는 "공공 해석öffentliche Ausgelegtheit"에 관해 이야기하는데, 그것은 "평균적 이해",[55] 곧 **일반적인** 세계관을 규정하는 **일반적인** 지각을 말한다. 그것이 "모든 가치와 현존재 해명을 지배하고 그 모든 것에서 옳다고 주장한다."[56] 이러한 방식으로 그것은 사물과 행위 들이 바로 그렇게만 이해되도록 작용하는 의미 연속체 또는 의미 지평으로 기능한다. 그것은 특정한 의미를 선택하게 하거나 조정한다. 이러한 "평균적 이해"의 주체가 바로 "세인Man"이다. 세인들은 자기가 보고 행동하고 판단하는 대로, 보고 행동하고 판단한다. "특정한 사람이 아닌, 총합은 아니지만 모든 것인 이 세인들이 일상성의 존재 방식을 규정한다."[57]

"공공 해석"은 다양한 해석을 허용한다. 그것은 공통의 신념이나 가치에서 나오는 '공공 여론'이라고 해석될 수도 있다. 그렇게 본다면 그것은 무조건 지배자의 권력적 이해관계만 반영하는 것이 아닐 것이다. 하지만 "공공 해석"을 방향을

---

54) 부르디외는 하이데거를 깊이 있게 다루었지만, 자신이 말한 일상성의 현상학을 권력 논리학적으로 읽을 가능성에 주목하지는 못했다.
55) Martin Heidegger, *Sein und Zeit*, Tübingen, 1993, S. 167 이하.
56) 같은 책, S. 127.
57) 같은 곳. 〔한국어판 『존재와 시간』, 이기상 옮김, 까치글방, 1998, 176쪽(번역 일부 수정)〕.

부여하는 세계관으로 해석할 수도 있다. 그것은 현존재가 늘 스스로 세계를 해석하거나 새롭게 고안해내지 않아도 되도록 현존재의 '짐을 덜어준다.' [58] 이미 **해석된** 세계, 더 이상 캐물을 수 없는 그러한 '진리'를 발견하는 것은 "존재의 짐을 덜어주는 것"이다. "이 세인들이 존재의 짐을 덜어주면서 그때마다의 현존재에 계속 대립하기에, 세인들의 고집스러운 지배가 유지되고 강화되는 것이다." 이 두 경우에서 "공공 해석"은 행위와 지각을 조정하는 의미 연속체를 형성한다. 더 높은 영향력과 안정성을 확보하기 위해서 권력은 이러한 의미론적 공간을 점유해야 한다.

하이데거에게서 세인은 존재론적인 단위이다. 그것은 "**현존재의 긍정적 이해**positive Verfassung des Daseins"[59]에 속한다. 현존재의 존재론은 세인들이 "공공 해석"을 형성하는 데 어떤 권력상의 이해관계, 어떤 정치적 과정, 어떤 경제적 이해관계가 결부되는지 묻지 않는다. 하지만 세인들을 묘사할 때 하이데거는 권력 논리적 용어를 사용한다. 예를 들어 그는 "공공 해석"을 "지배"라고 지칭한다.[60] 하이데거는 이것이 "제기되는 모든 예외를 감시한다"라고 쓴다. 그로부터 벗어

58) 같은 곳.
59) 같은 책, S. 129.
60) 같은 책, S. 169.

나는 것은 모두 "소리도 없이 억압된다."[61] 이러한 "평균화 Einebnung"의 실행은 예외를 정상화시키며 "평균적인" 의미 연속체를 산출한다. 하이데거는 '권력'에 관해서도 이야기한다. "세인들 자체가 타자에 속하고 그들의 권력을 공고히 한다. 본질적으로 우리 자신이 그에 속해 있음을 감추기 위해 '타자'라고 부르는 그 사람들은 일상적인 서로 함께 있음 Miteinandersein에서 가장 먼저, 그리고 가장 많이 '거기에 있는' 존재들이다. 그 누구는 이 사람이나 저 사람도 아니고, 우리 자신도 아니며, 몇몇 사람도 아니고, 모든 사람의 총합도 아니다. 그 "누구Wer"는 중성자로서 세인이다."[62]

세인들의 "독재"[63]는 억압이나 금지에 따른 것이 아니다. 그것은 습관의 형태를 띤다. 그것은 **자명성의 독재**이다. 습관을 통해 작동하는 권력은 명령을 내리거나 강제를 행하는 권력보다 더 효과적이며 안정적이다. 그러한 권력의 효력은 우리 자신이 세인에 속한다는 내재성에 근거하고 있다. 모두가 세인이기 때문에 세인은 '우리'에게 강제로 여겨지지 않는다. 부르디외의 '아비투스'도 이와 유사한 구조를 갖는다. 여기에서 강제는 **체화**體化됨으로써 자유이자 유사-자연으로 체험되

61) 같은 책, S. 127.
62) 같은 책, S. 126.
63) 같은 곳.

는 것이다.

하이데거의 일상성의 존재론을 사회학적으로 읽으면, 그가 이야기하는 세인이 부르디외가 말한 "일상적 이성"을 산출해내는 상징 권력과 관련된다는 것을 알 수 있다. 그 권력은 공공성의 의미 지평에 자신을 기입함으로써 정상화하는 효과를, 곧 어떤 반성도 불필요한 의미 반응을 산출해냄으로써 작동한다. 서로 다른 이해관계들, 역사적 과정이나 생산 관계들이 이러한 세인의 형성에 영향을 줄 수 있다.

세인의 정상화Normalisierung는 감정적이고 신체적인 차원에서 시작된다. 그것은 "처해 있는 상태Befindlichkeit"와 "기분Stimmung"의 층을 점유한다. "세인들의 존재 방식인 공공성은 〔……〕 기본적인 조율Gestimmtheit을 가지고 있을 뿐만 아니라, 기분을 필요로 하고 스스로 그것을 만들어낸다."[64] 이러한 정서적 층위가 세인에게 특별한 힘을 부여한다. 세인의 권력이 의식의 저편에서 작용하는 것은 이 때문이다.

정상화된 세인의 권력은 일상적 삶의 연관을 지배하고만 있는 게 아니다. 그 권력은 일상적 삶의 연관에서 **자라나와** 작

---

64) 같은 책, S. 138. 부르디외는 권력과 "세인"을 연관시키고 있지는 않지만, 기분의 아비투스적 성격을 언급하고 있다. 그에 따르면 기분은 "담론Rede의 자리에 머물러 있지만, 담론 내에서의 객관화로도, 어떤 다른 표현 형태로도 환원되지 않는다"(Pierre Bourdieu, *Die politische Ontologie Martin Heideggers*, Frankfurt a. M., 1976, S. 43).

용한다. 이러한 **내재적 성격**이 그 권력에 커다란 안정성을 부여해준다. 이 권력은 관점 자체를 규정하고 일상적인 이해를 서술함으로써 작용한다. 특별한 누군가라고 생각되는 주권자 대신에 "아무도 아닌 자Niemand"가 등장한다. "일상적 현존재의 주체가 누구인가라는 질문에 대한 답으로 주어지는 세인은 **아무도 아닌 자**이다. 모든 현존재는 상호작용Untereinandersein 속에서 자신을 아무도 아닌 자에게 내맡겨버렸다."[65] 이러한 권력은 그 누구의 권력도 아닌 것으로 지각되기 때문에, 다시 말해 누군가의 소유로 지각되지 않기에 결코 훼손되지 않는다. 그에 반해 금지, 억압 혹은 배제라는 형태로 자신을 강제해야 하는 권력은 불안하며 "깨지기 쉬울" 것이다.[66]

일상적인 함께 있음 속에서 현존재는 "타자들의 **통치권**" 아래 있다. 그를 통해 현존재는 자신의 **자립성**을 강탈당한다. "현존재는 스스로 존재하지 않는다. 타자가 그의 존재를 강탈해갔다. 타자들의 자의恣意가 현존재의 일상적 존재 가능성을 장악하고 있다."[67] 이러한 "타자의 지배", 곧 세인의 지배에 대해 하이데거는 "본래적 실존" "자신에로의 결단"을 대립

---

65) Martin Heidegger, *Sein und Zeit*, S. 128.
66) Michel Foucault, *Mikrophysik der Macht*, S. 109.
67) Martin Heidegger, *Sein und Zeit*, S. 126.

시킨다. 세인들의 "독재"에 대항해 **자기 자신**을 선택하고, 자기 자신을 붙들 것을 요구하는 것이다. 여기에서 추구되는 것은 자기 자신의 주권성이다. 여기서 주권성이라는 것은 세인들의 독재로부터, 즉 '공적인 해석'의 의미 연속체로부터 자신을 해방시키는 것이다. 하지만 이러한 결단은 현존재가 실제로 처해 있는 상태를 초월하지 못한다. 하이데거에 따르면 현존재는 "실제로 가능한 곳"에, 실제 삶의 연관 속에 던져져 있는 자신을 발견한다. 따라서 자유란 "내던져져 있음Geworfen-heit"의 틀 안에서만 가능한 것이다. 자유와 "내던져져 있음"은 근본적으로 서로를 배제한다.

하이데거는 존재론을 사회학으로부터 완전히 분리시켰다. 그래서 그는 "내던져져 있음"이 **종속되어** 있는 거나 마찬가지이고, "기획성Entworfenheit"[68]이 바로 그 종속에서 연유할 수 있다는 것을 인식하지 못한다. 지배 질서를 향한 자신의 기획은 현존재가 의미 연속체, 즉 특정한 "세계 해명과 현존재 해명"에 자신을 종속시킴으로써 이루어진다. '내던져져 있음'과 '종속되어 있음' 사이의 관계는 '존재론적'으로만이 아니라 사회학적으로도 조건 지어져 있다. 하이데거의 일상성의 존재론은, 일상적인 이해가 '상징 권력'을 기획하는 "일상적 이성"

68) 같은 책, S. 147.

에 묶여 있을 수 있다는 인식으로 나아가지 못한다.

　권력은 "세인"으로 등장할 때, 즉 자신을 "일상성"에 기입할 때 높은 안정성을 얻는다. 강제가 아니라 습관의 자동주의가 권력의 효과를 상승시킨다. 절대적 권력이란 모습을 드러내거나 자신을 지시하지 않으며, 오히려 자명성과 완전하게 합치되어 있는 권력일 것이다. **권력은 부재를 통해 빛을 발한다.**

제3장

권력의 형이상학

왜 인간은 권력을 행사하려 하는가라는 물음에 철학은 어떤 대답을 줄 수 있는가. 푸코는 이렇게 말한다. 인간은 서로의 관계에서 자유로울수록 타자의 태도를 규정하는 데서 더 큰 쾌락을 느낀다. 타자의 태도를 유도할 때 얻는 유희가 다양하고 자유로울수록 쾌락은 더 커진다. 그에 반해 이러한 유희 가능성이 없는 사회에서는 권력이 가져다주는 쾌락도 줄어든다.

권력은 행위의 **유희/여유 공간**을 전제한다. 이것이 없다면 폭력과 강제만 존재할 것이다. 하지만 후기 푸코가 도입한 쾌락주의적 권력 개념은 권력을 지나치게 유희적인 것으로 만들었다. "권력은 악이 아니다. 권력이란 전략적 유희에 다름 아니다. 우리는 권력이 악이 아니라는 것을 너무도 잘 알고 있다. 성적 관계나 쾌락 관계를 보라. 열려 있는 전략적 유희 속에서 타인에게 권력을 행사하는 일에 나쁜 점이란 하나도 없다. 그것은 사랑과 열정, 성적 쾌락의 일부분이다."[1]

권력은 유희에 속할 수도, 또 유희의 요소를 갖추고 있을 수도 있지만, 그렇다고 해서 권력이 유희에 근거하고 있는 것은 아니다. 오히려 유희는 권력의 대립물을 등장시킬 수도 있다. 하이데거가 권력의 특징이라고 보는, 더 많은 것을 향한 의욕Begehren nach Mehr은 유희적인 것과는 거리가 멀다. "권력은 그 이상의 권력이 되려고 의욕하는 한에서만 권력으로서 존재한다. 이러한 의지가 중단되면, 원래 지배하던 것이 아직 자기 힘의 테두리 안에 있을지라도 권력은 이미 더 이상 권력이 아니다."[2] 생명이란 자기보존이 아니라 자기주장이다. "생명은 다윈이 이야기하듯이 자기보존을 향한 충동뿐이라고 볼 수 없다. 그것은 자기주장이다. 보존하려는 것은 이

---

1) Michel Foucault, Helmut Becker 외 편, *Freiheit und Selbstsorge, Interview 1984 und Vorlesung 1982*, Frankfurt a. M., 1985, S. 25 이하. 1980년대에 푸코가 권력과 관련하여 자유를 이야기하기 시작한다는 것은 주목할 만하다. 그 전에는 『감시와 처벌』에서도, 『성의 역사 1 — 앎의 의지』에서도 자유에 대해서 이야기한 적이 없다.
2) Martin Heidegger, *Nietzsche: Der Wille zur Macht als Kunst*, Bernd Heimbüchel 편, *Gesamtausgabe*, Bd. 43, Frankfurt a. M., 1985, S. 70. 〔한국어판 『니체』, 박찬국 옮김, 길, 2010, 77쪽(번역 일부 수정)〕.

미 존재하는 것에만 집착하고, 그 위에서 자신을 경직시키며, 그 속에서 자신을 상실하고, 그를 통해 자기 자신의 본질에 대해 무지해지고 만다."[3] 하이데거는 늘 니체의 말로 되돌아온다. "인간이라면, 아니, 살아 있는 유기체라면 그것이 아무리 미물일지라도 **더 많은 권력**을 의욕한다."

자신을 넘어서려 하는 것이 권력의 근본성질이라는 말은 권력 주체가 자신을 떠나거나 자신을 상실한다는 뜻이 아니다. 자신을 넘어서는 것은 동시에 자신을 데리고 가는 것Mit-sich-zusammen-gehen이며, 이것이 권력이 나아가는 방식이다. 자신을 넘어서는 것과 자신을 데리고 가는 것이 합치할 때 **자아의 공간**이 확장된다. "생명체는 자신으로 머무름과 자신을 넘어섬이 합치된 결과물이다. 〔……〕 자신을 상실하지 않으면서 자신을 넘어서려는 힘이 크면 클수록 권력은 더욱 강해진다."[4] 자신을 넘어서서 자신을 구성하고, 자신을 통해

---

3) 홉스에게서 더 큰 권력에 대한 추구는 좋은 삶을 지향하는 가운데 이미 얻어낸 것을 유지하기 위해서만 필요한 것이다. "나는 인류 전체의 보편적인 성향 중 첫번째로 권력에 대한 쉼 없고 끊임없는 욕구를 꼽겠다. 그것은 죽어서야 끝난다. 그 이유는, 인간이 그가 얻은 것보다 더 큰 즐거움을 얻으려 하고 사소한 권력으로는 만족하지 못하기 때문이 아니다. 그것은 인간이 그 이상을 획득하지 못한다면 현재 가지고 있는 좋은 삶을 위한 권력과 수단도 보존할 수 없기 때문이다"(Thomas Hobbes, Jutta Schlösser 역, *Leviathan*, Hamburg, 1996, S. 81).

4) Paul Tillich, "Das Problem der Macht", S. 195.

더 큰 공간을 점유하는 것, 여기에 생명체의 권력이 존재한다.

스스로 고백하듯이, 푸코는 인간학이나 인간 영혼에 정통하지 못하다. 권력의 인간학적 토대는 그의 주장과는 달리 쾌락적인 유희가 아니다. 이 점에서는 푸코보다 니체가 인간의 영혼을 더 잘 이해하고 있다. 니체는 이렇게 쓴다. "권력의 쾌락은 우리가 수백 번이나 경험했던 의존성과 무력無力에 대한 불쾌함을 통해 설명된다. 이 경험이 없다면 쾌락도 없다."[5] 권력을 행사할 때 생기는 쾌락은 부자유와 무력이라는 트라우마적 경험과 관련되어 있다. 권력을 얻었을 때 생기는 쾌락의 감정은 자유의 감정이다. 무력無力은 타자에게 내맡겨졌다는 것이며, 타자 속에서 자신을 상실한다는 것이다. 권력이란 그와 반대로 타자에게서도 자기 자신으로 존재한다는 것, 다시 말해 자유롭다는 것이다. 따라서 쾌락의 강도는 유희의 자유로움이나 다양성에서 나오는 게 아니다. 오히려 쾌락은 권력과 더불어 자라나는 자아의 연속성에서 기인한다.

권력이 다양한 매개 구조를 갖는다는 사실은 자주 지적되어왔다. 매개가 부족하거나 없는 권력은 타자를 억압하는 것으로 이어지는 강제적인 구조를 발전시킴으로써 폭력에 가까워진다. 이러한 권력은 권력자에게는 자유의 감정을 불러일

---

5) Friedrich Nietzsche, *Nachgelassene Fragmente 1875~1879*, KSA 8, S. 425.

으킬 수 있다. 권력자는 타자의 의지에 맞서 자신의 결정과 선택을 관철한다. 이러한 권력에 복종하는 자는 권력자가 의욕하는 것을 행하며, 여기서 권력은 자아의 연속성을 산출해낸다. 하지만 이때 생겨나는 것은 외적인 연속성이다. 권력에 복종하는 자가 권력자의 의지에 내적으로 동의하지 않은채 행동하기 때문이다. 이러한 자아의 연속성이 권력자에게 자유의 감정을 주는 것은, 그의 의지가 타자의 의지에 맞서 꺾이지 않는 한에서일 뿐이다. 권력에 복종하는 자는, 물론 외적이긴 하지만 권력자를 위해 자신의 타자성을 포기한다. 그는 권력자와는 다른 선택을 하려는 자신의 의지에 반해 권력자의 선택 또는 결정을 따른다. 이를 통해 권력자는 타자에게서 자신의 의지를 본다. 타자에게서 자아를 발견하는 것, 이것이 권력 감정의 핵심이다. 매개가 부족한 권력의 형태는 권력에 복종하는 자에게 부자유의 감정을 가져다준다. 이러한 비대칭적인 자유의 분배는 그 권력을 불안정하게 만든다.

니체가 보기에 권력은 유희와는 전적으로 동떨어져 있다. "**정복**, 이것은 넘쳐 흐르는 권력의 자연스러운 귀결이며 [……] 낯선 질료에 자신의 상像을 찍어내는 것이다."[6] 생명이란 "자신의 형태를 강제하는 것"[7]이다. 에고는 타자에게 자

---

6) Friedrich Nietzsche, *Nachgelassene Fragmente 1882~1884*, KSA 10, S. 278.

신의 상을 찍거나 강제함으로써 타자를 정복한다. 여기서 타자는 에고의 의지를 견디기만 하는 수동적 질료처럼 행동한다. "자신의 형태를 강제하는 것"으로서 권력 행사는 타자에게 에고의 연속성을 강요한다. 그를 통해 에고는 타자 속에서 자신의 상을, 즉 자기 자신을 본다. 타자가 에고를 반영하기 때문에 에고는 타자 속에서 자신에게로 귀환한다. 권력 덕택에 에고는 타자의 현존에도 불구하고 자유롭다. 다시 말해 〔타자에게서도〕 자기 자신으로 존재한다.

그런데 니체는 매개가 부족한 권력 형태에 집착하고 있다. "상처 입히기"나 "위압하기"를 통해 "자신의 형태를 강제하는 것"이 자아의 연속성을 생산하는 유일한 수단은 아닌데도 말이다. 그러한 권력 모델은 타자를 에고의 의지를 참고 견디는 수동적 질료로 파악한다. 타자를 능동적으로 행동하고 결정할 수 있는 능력을 갖춘 개인으로 이해하면, 에고와 타자 사이의 관계는 이보다 훨씬 복잡해진다. 그렇게 되면 타자는 에고의 결정이나 선택을 수동적으로 참고 견디기만 하는 대신, 그것을 능동적으로 자신의 기획에 통합함으로써 에고의 행동을 자신의 행동으로 수행할 수 있는 것이다. 이러한 타자의 행동은 에고의 의지에서 나온 것이지만 이때의 연속성은 에

7) Friedrich Nietzsche, *Jenseits von Gut und Böse*, KSA 5, S. 207.

고에 의해 일방적으로 강요된 게 아니라 타자 자신이 욕망한 것이다. 타자는 자유롭게 에고의 의지를 따르고 그것을 자신의 의지로 삼는다. 이를 통해 타자 역시 자유의 감정을 얻게 된다. 이러한 권력관계는 권력에 복종하는 자가 수동적이고 질료적인 물질처럼 행동하는, 매개가 부족한 권력에서보다 훨씬 안정적이다. 이상의 두 권력관계에서 매개 구조는 서로 다르지만, 에고의 권력이 타자에게서 자신을 연속시키고 타자 속에서 자기 자신으로 존재하는 데서 나온다는 점은 같다.

권력이란 타자에게서 자기 자신으로 존재하는 능력이다. 이러한 권력은 인간 고유의 것이 아니다. 헤겔은 이를 생명의 일반 원리로 내세운다. 권력은 살아 있는 존재를 죽어 있는 존재와 구별하게 해준다. "생명체는 비유기적 자연에 맞서 있다. 생명체는 비유기적 자연에 자신의 권력을 행사하며, 그것을 자신에게 통합시킨다. 이 과정은 화학적 융합 과정과는 달리, 서로 대립하던 두 측면의 자립성이 모두 지양되는 중성적인 산물로 귀결되지 않는다. 오히려 생명체는 자신의 권력에 저항하지 못하는 타자들을 장악하고 있다. [······] 이렇게 해서 생명체는 타자 속에서 자기 자신을 유지한다."[8] 타

8) Hegel, *Enzyklopädie der philosophischen Wissenschaften I*, in *Werke*, Bd. 8, S. 375 이하.

자 속에서 자신을 상실하는 대신 "타자를 장악하고", 타자를 자신과 함께 점유하며, 타자 속에서 자신을 연속시키는 데에서 생명체의 권력이 드러난다. 타자를 향한 도정이 자기 자신을 향한 도정이 되는 것이다. 헤겔에 따르면 유기체란 "자신에게 외적인 과정", 다시 말해 타자와의 관계 속에서 "자기 자신과 함께 가는 것"이다. 타자 속으로 자신을 데리고 가는 권력이 없다면, 생명체는 타자 속에서 몰락한다. 다시 말해 생명체로 침투해오는 타자가 그 속에서 번식시키는 부정적 긴장감에 의해 몰락하게 된다.

헤겔에게 권력은 생명의 가장 기초적인 단계에서부터 작동한다. 이미 소화 작용 자체가 타자를 점차적으로 생명체 자신에게 동일화하는 권력 과정이다. 생명체는 자신에게 외적인 것을 내면화해서 타자와의 동일성을, 다시 말해 자아의 연속성을 산출해낸다. 이러한 소화 작용은 생명체로 하여금 외적인 것을 내적인 것으로 변화시키도록, 곧 타자를 자기 자신에게로 환원시킬 수 있게 하는 것이다.

흥미롭게도 헤겔은 정신의 활동성을 소화에 비유한다. 그를 통해 소화와 정신 활동 사이의 권력 논리적 친화성이 부각된다. "정신의 모든 활동성은 외적인 것을 이미 그 자체로 정신인 내면성으로 환원시키는 다양한 방식들이나 마찬가지다. 바로 이러한 환원, 외적인 것의 이념화Idealisierung 또는 통합을 통해서만 정신은 비로소 정신이 된다."[9] 정신의 근본 특징은 내면화이다. 정신은 자신의 내면 공간 속에서 타자, 외적인 것을 지양한다. 그를 통해 정신은 타자 속에서도 **자기 자신으로 존재한다.** 이렇게 해서 인식되거나 파악된 것은 정신에 외적이거나 낯설지 않다. 그것은 정신에 속하며 정신의 내용이다. "인식이란 외적이고 의식에 낯선 것을 제거하는 것이며, 그렇게 해서 주관성이 자기 자신에게로 회귀하는 것이다."[10] 내면화, 외적인 것을 내적인 것으로 포섭하는 것이 소화 작용과 〔정신적〕 파악을 서로 연결시킨다. 헤겔은 먹고 마시는 것은 사물들을 "의식 없이 파악하는 것"이라고 말한다.[11]

단순한 직관Anschauung의 상태일 때 정신은 완전하게 자기 자신 안에 있는 대신 **아직 외부 세계에 있다.** 여기서는 "주관성이 자신에게로 회귀하는 일"은 일어나지 않는다. 단순히 직관하는 정신은 세계 속에 침잠되거나 흩어져 있다. "단순한 직관의 단계에서 우리는 우리 바깥에 있다. 〔……〕 여기서

 9) Hegel, *Enzyklopädie der philosophischen Wissenschaften III*, in *Werke*, Bd. 10, S. 21.
10) Hegel, *Vorlesungen über die Philosophie der Geschichte*, in *Werke*, Bd. 12, S. 391.
11) Hegel, *Enzyklopädie der philosophischen Wissenschaften II*, in *Werke*, Bd. 9, S. 485.

지성Intelligenz은 외적 재료에 침잠되어 그것과 하나가 된다. 〔……〕 그렇기 때문에 직관 속에서 우리는 가장 부자유할 수 있다."[12] 자기 자신에게 있는 대신 외부에 연루된 채 사물들 내부에 머무르기 때문에 이때의 정신은 "가장 부자유하다."

표상Vorstellung 단계에서 정신은 이보다 자유롭다. 단순한 직관에서보다는 훨씬 더 자기 자신 안에 있기 때문이다. 모든 표상은 나의 표상이다. 단순한 직관과는 달리 표상 단계에서 나는 사물들에 침잠해 있는 대신 사물들을 **내 앞에 가져다** 세운다〔vor-stellen〕. 나는 사물의 직접적인 구속을 깨고, 그 사물들에 대한 상象을 나의 상으로 만듦으로써 나를 사물들 위로 고양시키는데, 이때 나는 나의 내면에 존재하게 된다. "다음에 정신은 직관을 자신의 것으로 정립하고, 그를 관통하며, 그를 **내적인 것**으로 만들고, 그를 통해 스스로 **자유로워진다**. 이러한 자신에게로 나아감을 통해 지성은 스스로 표상 단계로까지 고양된다. 표상하는 정신은 직관을 소유한다."[13] 나는 직관을 소유한다. 표상은 **나의** 표상이다. 이 소유 관계에서 나는 외부가 아닌 나 자신 안에 있다. 소유로서의 표상은 나의 소유물이다. 권력은 단순한 존재를 소유물로 변화시킨다.

---

12) Hegel, *Enzyklopädie der philosophischen Wissenschaften III*, in *Werke*, Bd. 10, S. 256.
13) 같은 곳.

권력은 정신이 "공간의 분열로 찢기지 않고 자신의 자아가 혼탁하지 않은 명료함을 유지한 채 저 다양성을 관통해가도록, 그 다양성이 자립적 존재가 되지 않도록"[14] 만든다. 정신의 권력은 사물들을 정신의 내면성에 침잠시키고, 외적인 것을 내적인 것에 **굴복하게** 만드는 데에서 발휘된다. 이러한 **굴복의 힘** 덕택에 정신은 세계의 다양성을 관통해 나아간다. 이러한 **내면성의 관통**Durchzug der Innerlichkeit이 자아의 연속성을 산출해내는 것이다.

타자로부터 자기 자신에게 회귀하는 정신은 세계를 자신의 내면 공간으로 삼는다. 그를 통해 세계-내-존재란 자기 자신 안에 있는 존재가 된다. 한 객체를 접하면 정신은 자신의 내면성을 확장시켜 객체를 자신의 내면성에 침잠시킨다. 정신은 객체를 내면으로 향하게 해서 자신에게 회귀하는 것이다. 정신은 자신을 두텁게 하고, 자신의 내면성을 깊게 만든다. 헤겔 역시 정신이 외부의 대상을 자신의 내면 공간으로 데려오는 것을 "내면화verinnerlicht sich" 혹은 "상기erinnert sich"라고 말한다. "대상을 외적인 것에서 내적인 것으로 만듦으로써 지성은 자기 자신을 내면화한다. 대상의 내면화Innerlichmachung와 정신의 상기Erinnerung는 동일한 것이다."[15]

14) 같은 책, S. 22.

"정신의 상기Erinnerung des Geistes"는 정신이 객체로부터 자신을 향해 나아가는 것을 의미한다. 정신은 객체를 내적인 것으로 만듦으로써 객체를 둘러싼 자신의 내면성을 확장하고 두텁게 만든다. 객체를 "내면화하는 것"은 이렇게 하여 정신의 내면성을 넓히며 따라서 정신을 내면적으로 만든다. "지성은 객체로부터 자신에게로 나아가는 정신이자, 그 객체 속에서 자신을 상기하는in ihm sich erinnernde 정신이며, 객체에 대한 자신의 내면성을 인식하는 정신이다." 하지만 정신을 완전히 자유롭게 하는 것은 다름 아닌 사유das Denken이다. "따라서 내면성의 마지막 정점은 사유이다. 사유하지 않는 한 인간은 자유롭지 않다. 그럴 경우 그는 타자에 연루되어 있기 때문이다."[16] 인간은 타자, 외부에 연루되어 있는 한, 즉 타자 속에서 자기 자신에게로 회귀하지 않는 한, 타자의 타자성을 자아 속에서 지양하지 않는 한 자유롭지 못하다. 사유하는 정신은 타자를 꿰뚫어 관통하고, 타자를 철저히 밝혀냄으로써 타자의 타자성을 제거한다. 그를 통해 정신은 **자아의 연속성**을 관철해낸다. '의지' 또한 자신의 내면성을 객관화

---

15) 같은 책, S. 244. 〔독일어 단어 Erinnerung는 "Er-innerung", 곧 "내부Inne를 향하다" "내부로 나아가다"라는 뜻을 함축한다.〕

16) Hegel, *Vorlesungen über die Philosophie der Geschichte*, in *Werke*, Bd. 12, S. 521.

하려고, 외적인 것에 자신의 내적인 것을 각인하려고 노력하는 가운데 자아의 연속성을 심화한다. 의지의 이러한 근본 특성은 "자신으로의 회귀"이다. 이렇게 보자면 권력 의지는 늘 자기 자신에 대한 의지인 것이다.

"정신의 내면화/상기"와 마찬가지로, 세계의 "내면화"가 반드시 폭력적으로 이루어지는 것은 아니다. 낯선 힘에 의해 외적인 것이 내적인 것에 강제로 구겨 넣어지는 폭력적 포섭은 매개가 없고 피상적인 "내면화"의 한 형태일 뿐이다. 헤겔은 **외적인 것의 내면화**를 말한다. 그에 따르면 세계는 낯선 내면성으로 침잠하는 것이 아니라, 내면 공간을 향해 **스스로 내면화되는 것이다.** 헤겔이라면 이렇게 말할 것이다. 정신의 권력이란 폭력과는 완전히 구별되며, 타자를 폭력적으로 위압하거나 파괴하지 않고, 타자 속에서 이미 즉자인 것es an sich 이 현상하게 하는 것이라고. 또한 사유는 외치며 **선포하는 대신 환하게 밝혀주는 것**이라고. 밝게 빛나는 빛으로부터는 어떠한 폭력도 나오지 않는다. 정신의 빛은 내적으로 자신과 접촉하면서, 그렇게 **비춰진 것 속에서 자기 자신**을 바라보는 특별한 빛이다. 그것은 눈을 가지고 있다.

권력은 내면성과 주관성의 현상이다. 자신을 내면화/상기하기만 하면 되는 존재, 자신의 내면이나 자기 자신 안에 머무르기만 하면 되는 존재, 아무런 외부도 갖지 않는 존재는 절대적 권력을 갖추게 될 것이다. 내면화/상기와 경험이 완전히 하나가 된다면, 무력無力이나, 고통은 존재하지 않을 것이다. 무한한 내면성이란 무한한 자유와 권력을 의미한다.

주관성은 권력을 구성하는 핵심 요소이다. 비유기적 존재는 중심화된 구조를 가질 수는 있어도 아무런 권력 구조도 발전시키지 못한다. 그 존재를 살아 있게 할 주관성이 없고, 내면성 또한 가지고 있지 않기 때문이다. 권력 공간은 자기중심적이다. 그 공간에는 자기욕망의 지향성을 가진 자아가 자리잡고 있다. 파울 틸리히Paul Tillich도 권력을 주관성과 중심화에 관련시켰다. "모든 권력 구조는 중앙을 중심으로 조직되어 있다. 그 구조에는 모든 부분이 향하고 있고, 관계 맺고 있는 어떤 것이 있다. 〔……〕 조직화 정도가 높을수록 그 존재의 중심성은 더 증가한다. 개별적 체험의 계기들이 모두 자아의 중심과 관계 맺는 인간의 자기의식에서 그러한 중심성은 최고의 형태에 도달한다. 이로부터 사회 집단에도 중심이 있다는 생각이 도출될 수 있다. 그렇지 않다면 사회 집단의 행위란 불가능할 것이기에 이는 자명한 사실이다. 나아가 사회 집단도 하나의 유기체이며, 그러한 점에서 집단의 권력성은 생물학적 유기체의 권력성과 비교할 수 있다. 한 유기체의 다양한 요소들이 중심을 향해 조직되어 있을수록 그 유기체는 더 발달되어 있다. 동물의 세계에서도 유사한 사례를 찾을 수는 있다. 하지만 인간이 가장 발달되어 있고, 보편적이며 강력한 사회적 유기체를 생산하는 이유가 여기에 있다."[17]

루만도 언급하듯, 현대 생물학에서 유기체는 "영혼의 힘으로 부분들을 전체로 통합시키고 있는 생명체가 아니라, 변화하는 환경 세계의 조건과 사건들에 맞서, 자기 능력을 동원해 효과적으로 보상하고 대체하며 봉쇄하거나 보충하고 반응해서 자신의 구조가 변하지 않게 유지하는 적응 시스템이다."[18] 유기체에 관한 이러한 현대적 표상은 헤겔의 권력 개념과 전적으로 대립되지 않는다. 유기체가 자신의 구조적 **불변성**을 유지할 수 있는 것은, 변화하는 환경 세계의 조건과 사건들 앞에서도 자신을 주장하게, 곧 자신을 변하지 않게 유지시키는 권력 덕분이다. 권력은 환경 세계가 만들어낸 부정적 긴장감에도 불구하고 유기체가 자기 자신으로 머무를 수 있게 함으로써 **자아의 연속성**을 산출해낸다.

유한한 존재자는 타자에 둘러싸여 있다. 자기주장이란 이 존재자가 타자와 접촉하면서도 자기 자신으로 머문다는 것을 함축한다. 이러한 자아의 연속성이 없다면 존재자는 타자가 불러낸 부정성과 부정적 긴장감에 의해 몰락할 수밖에 없다.

---

17) Paul Tillich, "Philosophie der Macht", S. 205~32, 특히 S. 223.
18) Niklas Luhmann, *Soziologische Aufklärung 1. Aufsätze zur Theorie sozialer Systeme*, Opladen, 1984, S. 38 이하.

자신 안에서 이 부정성을 견뎌낼 수 없고, 타자를 자신 안에 통합할 능력이 없는 존재자에게는 존재할 수 있는 권력/힘이 없는 것이다. 틸리히 또한 존재의 권력/힘을, 부정성 혹은 그가 말하는 "비존재Nichtsein"를 극복할 수 있는 능력, 다시 말해 〔비존재를〕 자기주장에 편입시킬 수 있는 능력에서 찾는다. "더 많은 비존재를 극복했거나 극복할 수 있다면 존재의 권력/힘은 더 커진다. 더 이상 이를 견디거나 극복할 수 없다는 것은 전적인 무력無力, 모든 존재의 권력/힘의 종말, 패배이다. 이것이 모든 생명체가 갖는 위험이다. 더 많은 비존재를 자신 안에 지니게 되면 그 생명체는 더 큰 위험에 빠지는데, 이 위험에 맞설 수 있다면 그 생명체는 더 큰 권력/힘을 갖게 된다. 〔……〕 스스로 파괴되지 않고서도 더 많은 비존재를 자신의 자기주장에 편입시킬 수 있다면 생명체는 그만큼 더 강해진다."[19)]

권력이란 여러 방식으로 타자에 연루되어 있어도 자신을 상실하지 않는, 부정적 긴장감을 관통하여 자신을 연속시킬 수 있는 생명체의 능력이다. 그것은 "내외적 부정에 저항하여 자신을 주장할 수 있는 가능성"이다. 반대로 부정성 속에 머무를 수 없고, 그 부정성을 자신 안에 포섭할 수 없는 존재

19) Paul Tillich, "Philosophie der Macht", S. 209.

의 권력/힘은 미약하다. 이렇듯 존재의 권력/힘이라는 견지에서 신경증 환자와 '신'은 서로 대립된다. "신경증 환자의 특징은 비존재를 자신 안에 거의 포괄할 수 없다는 것이다. 비존재의 위험 앞에서 그는 자신의 작고 협소한 성으로 도피한다. 평균적인 인간은 비존재를 제한된 정도만 지닐 수 있고, 창조적 인간은 그보다 더 큰 정도로, 신은, 상징적으로 말해, 무한하게 지닐 수 있다. 비존재에도 불구하고 자신을 주장할 수 있는 것, 이것이 존재의 권력/힘의 표현이다. 이로써 우리는 권력 개념의 뿌리에 도달했다."[20]

여기서 말하는 자기주장을 반드시 타자의 억압이나 부정과 동일시할 필요는 없다. 중요한 것은 매개 구조다. 매개 수준이 높을 경우 자기주장은 [타자를] 부정하거나 배제하지 않고 통합한다. '신'은 최고의 매개 능력을 지닌 존재다. 그에 반해 폭력범은 신경증 환자와 같다. 그는 매개가 없는 폭력을 통해서만 자아의 연속성을 얻을 수 있다. 신경증적 자기긍정은 타자의 부정을 초래할 것이다.

헤겔 또한 고착화된 자아상自我象으로 신경증적으로 퇴각하는 것은 (힘이) 미약한 존재가 가닿는 귀결이라고 지적한다. 정신은 "부정성을 직시하면서, 그 안에 머무르는 한에서만

20) 같은 곳.

권력/힘"²¹⁾이다. 헤겔의 유명한 말에 따르면, 정신은 "절대적 내적 분열Zerrissenheit 속에서 자기 자신을 발견할 때에만 진리를" 얻는다. 정신의 권력은 타자가 일으켜놓은 부정적 긴장감을 관통하는 자아의 연속성을 산출해낸다. 정신은 매개가 결핍되어 있을 경우에만 타자와 충돌한다. 그 때문에 매개가 빈곤하거나 결핍되면 제한적이고 신경증적인 정신이 생겨난다.

타자를 내면화함으로써 자아의 연속성을 산출해내는 권력이 폭력의 형태로 등장할 수는 있지만 반드시 그런 것은 아니다. 중요한 것은 주체와 객체 사이의 매개 관계이다. 헤겔에 따르면 권력은 매개 수준이 높을수록 폭력성을 상실한다. 매개가 강화되면 주체는 객체를 파괴하지 않는다. 내면화는——여기에 헤겔 관념론의 특별한 전환이 있다—— 이미 즉자적으로 존재하는 주체와 객체 사이의 동일성을 산출해낸다. 말하자면 〔여기에서〕 객체는 주체의 완전한 타자가 아니라, 주체와의 개념적 인접성 혹은 동형 구조Isomorphie를 가지고 있다. 주체에 의한 객체의 내면화란 즉자적으로만 존재하던 그 인접성을 정립하는 것이다. 그렇기 때문에 이 내면화의 한 형태인 개념적 파악Begreifen은 사물에 폭력을 가하지 않는다.

21) Hegel, *Phänomenologie des Geistes*, in *Werke*, Bd. 3, S. 36.

아마 헤겔은, '파악'이라는 것은 즉자적으로는 있지만 대자적으로는 실현되지 못한 것을, 다시 말해 앎의 대상으로 고양되지 못한 것을 드러나게 하는 것이라고 말할 것이다. 이렇게 보자면 사물을 파악한다는 것은 폭력적 전유가 아니다. 그것은 그 사물들에 맹아의 형태로 있던 것을 드러나게 하는 것 Erscheinen-Lassen이다. 이에 따르면 내면화란 폭력이 아니라 화해이다. 내면화는 주체와 객체를 서로 매개해주는 것을 드러나게 한다. "이러한 붙잡음, 가장 내적인 자기 확실성을 갖춘 채 타자를 포괄하는 것은 곧 화해를 함축한다. 사유와 타자의 통일은 즉자적으로 존재한다. 왜냐하면 이성이란 의식뿐 아니라 외적인 것, 자연적인 것 모두의 실체적 토대이기 때문이다. 그렇기에 이성에 맞서 있는 것은 그와는 다른 실체적 본성을 갖는 이성의 차안이 아니다."[22]

헤겔에게서 "이성"은 객체가 폭력적으로 복종해야 할 단순한 주관적 질서가 아니다. 오히려 이성은 객체 자체에 현존하며 거기서 작동하고 있는 어떤 것이다. 주체는 사유 속에서 자신과 객체에 **공통되는 것**, 곧, 보편자das Allgemeine를 등장시킨다. 이러한 매개 관계가 권력 구조를 변화시킨다. 그렇

---

22) Hegel, *Vorlesungen über die Philosophie der Geschichte*, in *Werke*, Bd. 12, S. 521.

기 때문에 권력은 객체 속에서 자신에게 회귀하기 위해 객체를 전유하는 개별 주체에게 귀속되지 않는다. 오히려 권력은 스스로를 현시하는 보편자의 권력이며, **그 보편자가 개별 존재자들, 다시 말해 '주체'뿐 아니라 '객체'까지 하나의 전체로 모아내는 것이다.**

헤겔은 '개념'도 권력이라고 정의한다. "이것이 개념의 권력이다. 개념은 흩어진 객관성 속에서 자신의 일반성을 포기하거나 상실하지 않고, 오히려 이 실재성을 통해, 그리고 그 실재성 속에서 자신의 통일성을 보여준다. 타자 속에서 자신의 통일성을 보존하는 것이야말로 개념이기 때문이다."[23] 개념은 서로 다른 실재성의 현상에 공통된 것을 포괄하면서 포착한다는 점에서 **보편적**이다. 개념은 다양한 모든 현상을 모으고 매개하고 관통해 하나의 전체성을 형성한다. 개념은 주위를 장악하면서durchgreifend 모든 것을 자신 안에 붙잡는다는be-greift 점에서 개념〔붙잡음〕Be-griff이다. 그렇기에 개념은 모든 것 속에서 자기 자신으로 존재한다. 이러한 자아의 연속성에 개념의 권력/힘이 있다. 개념은 '흩어진 객관성' 속에서 자신을 상실하지 않는다. 개념은 부분들을 일자—者, Eine를 향해 모으는 중력처럼 작용한다. 타자 속에서 자신에게로

23) Hegel, *Vorlesungen über die Ästhetik I*, in *Werke*, Bd. 13, S. 149.

회귀하는 것은 개념의 근본 특성이기도 하다. 실재란 그 속에서 자신을 현시하고 자신을 직시하는 개념의 타자인 것이다.

 권력이 매개 구조에 따라 다른 특성을 갖는다는 사실은 자주 지적되어왔다. 개념의 권력은 매개 수준이 높다. 그것은 개념의 타자인 실재가 개념에 의해 억압되지 않기 때문이다. 오히려 개념은 실재에 내재한다. 개념은 실재에 대립하면서가 아니라 실재 속에서 자신을 현시한다. 개념의 권력에는 폭력이 없다. 헤겔이라면 **폭력에는 개념이 없다**고 말할 것이다. 더 많은 개념을 자신 안에 수용하는 권력일수록 더 적은 강제와 폭력을 낳을 것이다. 실재는 그 개념에 대해 **투명하다**. 개념은 실재를 밝히고, 실재가 비로소 존재하게 한다. 개념의 빛이 실재를 가리지 않는 것은 그 빛이 실재의 빛이기 때문이다. 개념과 실재가 서로 밝게 침투되어 있는 것을 **진리**라고 부른다. 그러므로 우리는 **진리는 권력**이라고 말할 수도 있을 것이다.

 개념의 권력, 보편자의 권력이 타자인 실재를 자신에게 '복종'시키는 대신, 그 타자를 타자의 본질 속에 방면하거나 해방시키는 한 그것은 '**자유로운 권력**'이다. 폭력이 아니라 자유가 개념과 타자 사이의 관계를 규정한다. "따라서 보편자는 자유로운 권력이다. 그것은 자기 자신으로 있으면서 타자를 장악하고 있지만, **폭력적인 것**으로서가 아니다. 오히려 그것은 타자 속에서 고요히 자기 자신으로 있다. 〔……〕 보편자는 자신과 **다른 것에 대해 그것이** 자기 자신인 것처럼 관계 맺으며, 그 타자 속에서 자기 자신으로 회귀한다."[24] 타자를 장악할 때 보편자는 타자의 "아니요"에 맞서지 않는다. 타자는 장악하는 자를 자신의 진리로 긍정한다. 타자는 자신을 장악하는 자에게 자유롭게 복종한다. 장악하는 자가 타자 속에서 "고요히 자기 자신으로 있는" 이유는 이 타자로부터 아무 저항도 일어나지 않기 때문이다. 타자는 장악하는 자에게 "네"라고 말한다. 장악하는 자에게 붙잡혀Ergriffen 그에게 자신을 열어 보인다. 그렇기에 절대적 권력은 폭력을 사용할 필요가 없다. 그것은 **자유로운 복종**에서 기인하기 때문이다.

푸코는 인간이 인간 자신보다 "훨씬 더 깊은" "복종의 결과물"이라고 말한다.[25] 푸코에 따르면 인간이 정체성, 즉 '영혼'을 갖게 되는 것은, 헤겔의 언어로 말해 그를 장악하는 내용을 내면화한 덕분이다. 인간은 자기를 장악하는 자를 내면화하고 자기 정체성의 뼈대로 삼으면서 그에게 복종한다. 타자의 "네"는 스스로 복종하는 자의 정체성을 처음으로 구성한다는 점에서 원초적 복종인 것이다. 여기에서 권력은 억압적이

---

24) Hegel, *Die Wissenschaft der Logik II*, in *Werke*, Bd. 6, S. 277.
25) Michel Foucault, *Überwachen und Strafen*, S. 42 참조.

거나 폭력적이지 않다. 그것은 정체성을, 나아가 '영혼'을 비로소 생겨나게 한다. 매개가 부족하거나 아예 부재할 경우 장악은 폭력의 모습으로 드러날 수도 있다. 헤겔이라면 이러한 폭력적 장악에 관해 **개념이 없는, 아무 매개 없이 일어나는** 장악이라고 말할 것이다.

권력 작용은 기본적으로 억압적이지 않다. 헤겔은 권력을 매개와 산출의 차원에서 파악한다. 그러한 관점에서 헤겔은 세계 창조 또한 권력 이론적으로 서술한다. 신은 "주관성"이지만, 그 주관성은 "나는 나"라는 추상적이고 내용 없는 정체성 속에서 생겨난 것이 아니다. 신은 "영원한 고요와 폐쇄성"[26] 속에 칩거하지 않는다. 오히려 신은 타자, 곧 세계를 산출함으로써 자신을 표현한다. 하지만 이 세계 창조는 타자로의 이행이 아니라 자기 자신으로의 회귀이다. 신은 자신의 타자인 세계 속에서 자신을 본다. 그는 세계 속에서 자신으로 회귀한다. 이러한 '타자 속에서 자신으로 회귀함'이 권력의 근본 특성이다. "권력은 〔……〕 **자신에 대한 부정적 관계다.**" 그것이 부정적인 이유는 자기관계가 타자를 통해 이루어지며, '타자 속에서 자신으로 회귀함'이기 때문이다. 가장 단순하게 자신

---

26) Hegel, *Vorlesungen über die Philosophie der Religion II*, in *Werke*, Bd. 17, S. 55.

에게 긍정적인 관계는 타자와 아무 관계도 갖지 않는 자기관계일 것이다. 틸리히가 말한 "신경증 환자"는 "자기 자신에 대해 부정적 관계"를 맺을 능력이 없는 사람이다. 그는 타자와의 관계 속에서 자신을 상실하게 될 것이다. 그에게는 타자에 대한 관계를 자신의 관계로 가져올 수 있는 권력/힘이 결핍되어 있다. 이러한 **가져옴, 자신으로의 전환**이 권력의 핵심이다.

권력은 자유를 약속한다. 타자 속에서도 완전히 자기 자신으로 있을 수 있는 권력자는 자유롭다. 헤겔은 "신은 자유롭다. 왜냐하면 그는 그 자신일 수 있는 권력이기 때문이다"[27)] 라고 쓴다. 신은 **절대적인 자아 연속체**를 세우고 그곳에 거주한다. 그곳에는 신이 자신을 상실할 만한 어떤 간극도, 틈새도 없다. 그 안에는 신이 **그 자신**이 아니게 할 근본적인 타자가 존재하지 않는다. "신경증 환자"는 자신의 "작고 협소한 성"에 칩거하는 자일 뿐만 아니라, 도처에서 **자기 자신**이려고 하는 강박을 가진 자이기도 하다. 이렇게 보자면 헤겔의 '신'이나 '정신'은 이러한 신경증의 현상일 수도 있다.

신은 권력이다. 헤겔이 이해하는 종교는 전적으로 이러한 권력의 형상에 의해 지배된다. 헤겔은 당연하다는 듯이 권력

---

27) Hegel, *Berliner Schriften 1822~1831*, in *Werke*, Bd. 11, S. 373.

을 "종교 일반의 근본 규정"으로 내세운다.[28] 헤겔은, 종교가 권력 논리를 완전히 벗어나는 공간을 열 가능성을, 종교가 권력에 의해 산출된 자아의 연속성과 근본적으로 다른 연속성의 경험일 수 있는 가능성을, 종교가 자신으로의 회귀와는 완전히 다른 움직임일 수 있는 가능성을 한순간도 고려하지 않는다.

종교는 유한성의 경험으로부터 생겨난다. 이때 가장 중요한 사실은, 인간은 동물과 달리 자신의 유한성을 철저하게 의식하고 그것을 앎의 대상으로 만들 능력이 있다는 것이다. 그래서 인간에게 고통은 직접적인 감각을 넘어서 유한성에 대한 일반적 표상으로까지 이어진다. 인간이 슬퍼하고 울 수 있다는 것, 동물과는 달리 종교를 가지고 있다는 것은 이러한 표상 능력의 산물이다. 근본적인 고독으로 이어지는 개별화 또한 이러한 유한성의 경험에 속한다. 이러한 **유한성**을 의식함으로써, 유한한 존재의 고통스러운 경험을 극복하고 개별화의 고독에서 벗어나고자 하는 갈망이 깨어난다. 종교는 **경계와 개별화**를 체험하고 그를 지양하려는 이러한 갈망에서 생겨난다.

28) Hegel, *Vorlesungen über die Philosophie der Religion I*, in *Werke*, Bd. 16, S. 341.

유한성 또는 제한성의 경험이 반드시 권력의 차원에서 일어나는 것은 아니다. 인간 존재의 유한성이 반드시 권력의 유한성일 이유는 없다. 유한한 권력은 인간 유한성의 가능한 여러 경험 중 하나일 뿐이다. 유한자로서의 고통은 나를 타자와 구분하는 경계, 특별한 연속성을 산출함으로써만 극복될 수 있는 **경계**로 인한 고통일 수 있다. 이렇게 구분 짓는 경계를 지양하는 연속성은 권력이 산출하는 자아의 연속성과는 다른 구조를 지닌다. 이 연속성에는 **자신으로 회귀하려는 지향성**이 없다. 타자 속에서도 오로지 자기 자신으로만 있으려고 하는 자아는 경계 없는 공간, 경계 없는 존재의 연속성에 영혼을 불어넣지 못한다. 구원을 약속하는 것은 권력, 자신으로의 회귀가 아니라 경계 없는 개방성을 향한 출발이다. 이렇게 보자면 종교는 탈경계, 탈유한성에 대한 갈망에서 기인하기는 하지만, 그렇다고 이 탈유한성, 곧 무한성이 무한한 권력을 의미하는 것은 아니다. 무한함, 경계 없음을 향해야 할 종교적 존재가 경계 없는 권력을 갈망하거나 무절제한 권력에 대한 의지에 사로잡혀 있을 수는 있다. 하지만 그렇다고 해서 종교적 존재가 그런 갈망에서 기인하는 것은 아니다. 종교는 근본적으로 가장 **깊숙이 평화적**이다. 종교는 **친절함**Freund-lichkeit이다.

따라서 헤겔이 종교 현상을 순전히 권력 경제적으로만 묘사하는 것은 문제가 있다. 그에 따르면 권력에 대한 계산이 모든 종교적 커뮤니케이션을 규정한다. 제물을 바치면서 처음에는 "우리가 **타자의 권력** 안에 있음"[29]을 인정하지만, 그 제물의 효과가 나타나게 해달라고 요구하면서부터는 그 타자에게 권력을 행사한다. 타자의 권력에 대한 인정, 자신의 권력에 대해 의식하는 것이 제물을 바치는 실천을 지배한다는 것이다. 하지만 제물은 이러한 목적합리성이나 유용성의 지평을 훨씬 넘어서는 더 깊은 의미를 지니고 있는 게 아닐까?

조르주 바타유Georges Bataille는 제물을 이와 근본적으로 다르게 파악한다. 그는 제물에 경제적 차원이 있다는 것을 부인하지는 않지만, 더 깊은 의미는 그러한 경제적 계산 바깥에 있다고 말한다. 바타유에 따르면 제물은 유용성과 경제에 대한 반대물이다. 제물을 바친다는 것은 근본적으로 볼 때 특별한 파괴이자 소모消耗이다. "제물을 바친다는 것은 증여한다는 것이다. 마치 지글거리는 난로에 석탄을 부어넣듯 그렇게 증여한다는 것이다."[30] 제물을 바치는 것은 사물을 주체와 객체, 인간과 세계 사이의 어떤 분리나 경계도 없는 연속성의 상태로 되돌리는 것이다. 그러한 점에서 그것은 **탈사물화**Ent-

29) 같은 책, S. 292.
30) Georges Bataille, Gerd Bergfleth 편(해설), *Theorie der Religion*, München, 1997, S. 44.

Dinglichung이며 **탈경계화**Ent-Grenzung이다. 사물은 유용성 연관, 목적 연관으로부터 떨어져 나오며 그를 통해 그 사물이 본래 가지고 있던 비밀이 되돌려지게 된다. 바타유는, 그가 종교의 본원적 차원이라고 보는 이러한 **경계** 없는 연속성을 "내밀성Intimität" 혹은 "내재성Immanenz"이라고 부른다. 그래서 제물을 바치는 성직자는 이렇게 말한다. "나의 제물이여, 나는 너를 세계로부터 떼어낸다. 네가 사물의 상태로 축소되었고 축소되어야 했던 그 세계로부터. 너의 내밀한 본성에 어울리지 않는 의미를 지니고 있어야 했던 그 세계로부터. 이제 나는 너를 신적인 세계의 **내밀성**으로, 모든 존재자의 깊은 내재성으로 소환한다."[31]

권력의 연속성은 **자아**의 연속성이다. 권력과 반대로 종교는 **경계** 없는 존재의 연속성의 경험과 결부되어 있다. 종교는 인간이 "우주와 하나였던, 별들이나 태양과도 구별되지 않았던" "그 순간으로의 회귀"[32]이다. 성스러운 것을 대할 때 우리가 느끼는 외경畏敬의 감정은 바타유에 따르면 차이를 없애버리는 탈경계화의 폭력에서 나오는 것이다. "성스러운 것에 아주 정확히 비견되는 것은 나무를 불태우면서 파괴시키는

---

31) 같은 책, S. 40.
32) 같은 책, S. 145.

불꽃이다. 경계가 없는 불길처럼, 성스러운 것은 정확히 사물의 반대물이다. 그것은 확산되고, 빛과 열을 발산하며, 불을 붙이고, 눈을 부시게 한다. 불이 옮아 붙고, 그 불에 눈이 부신 자가 또 갑작스럽게 다른 것에 불을 옮겨 다른 이의 눈을 부시게 한다."[33]

바타유가 반복해서 이야기하는, 경계 없는 존재의 통일이라는 경험은 망아적이고 퇴행적이다. 그렇기에 종교철학에 관한 그의 글은 특이하게도 "동물성Animalität"에서 시작한다. 그에 따르면 동물들은 존재의 연속성 속에서 살아가고 있다. 동물들은 마치 "물이 물속에 있듯이"[34] 이 세계에 있다. 바로 이러한 이유로 동물에게는 종교가 필요하지 않다. 그들은 이미 존재의 연속성 속에서 환호하고 있기 때문이다.[35] 경계 없는 존재의 통일성 속에서는 아무 권력관계도 생겨나지 않는다. 권력관계란 어떤 차이를 전제로 하기 때문이다. "동물적인 삶에서 주인과 노예의 관계를 생겨나게 하는 것은 아무것도 없다. 〔……〕"[36] 타자를 잡아먹는 경우에도 싸움 혹은 타자의 지배가 전제되지 않는다. 존재의 연속성에서는 자신과

---

33) 같은 책, S. 46 이하.
34) 같은 책, S. 24.
35) 이러한 생각은 인간이 원하는 것을 '동물'에게 투사한 것이다. 여기서의 '동물'은 '인간'만큼이나 상상적인 것이다.
36) Georges Bataille, *Theorie der Religion*, S. 20.

타자 사이에 아무 경계도 없기 때문이다. 여기에서는 '타자 속에서 자신으로의 회귀'라는 권력 논리적 공식이 적용될 만한 동화同化도, 전유專有도 일어나지 않는다. 경계 없는 존재의 통일성은 잡아먹는 자와 잡아먹히는 자 사이의 구분을 허용하지 않는다. "한 동물이 다른 동물을 잡아먹을 때 그 동물은 자신과 동일한 것을, 자신의 **동형상**同形象을 잡아먹는 것이다. 내가 말하는 내재성이란 이러한 의미이다."[37]

바타유가 말한 존재의 연속성은 권력관계를 배제한다. 하지만 경계를 없애고 파괴하며, 모든 의미와 목적 연관으로부터 벗어나는 폭력의 망아적 형태들은 허용한다. 바타유가 모든 것을 집어삼키는 불꽃에 비교한 저 "성스러운 것"은, 이 망아적 과잉폭력 속에도 현존할 수 있다. 그렇기에 성스러운 것은 전혀 친절하지 않다. 나아가 그 "내밀성"은 존재의 연속성에서 **개방성**을 앗아가 버린다.

바타유도 인정했듯 종교는 분명 연속성의 경험에 근거하고 있다. 하지만 이 연속성은 정신의 현상이며, 그러한 점에서 바타유가 말하는 저 상상적 '동물성'보다 훨씬 고차원적이다. 존재의 연속성을 보장하면서도 모든 것을 파괴하고 집어삼키는 불꽃 속에서 차이나 형태가 사라지지 않게 하는 **정신**, 그

37) 같은 책, S. 19.

것이 **친절함**이다. 이 친절함이 있기에 정신은 망아적이거나 집어삼키는 것이 아닐 수 없다.

『피곤함에 대한 시도Versuch über die Müdigkeit』라는 책에서 페터 한트케Peter Handke는 세계를 위해 나Ich를 물러서게 하는 피곤함에 관해 말한다. 피곤함의 깊이는 세계의 깊이이며, 그것은 "내가 적어짐으로써 더 얻어지는 것Mehr des weniger Ich"[38]으로 감지된다. 이 상태에서 현존재는 자아의 거들먹거림에 더 이상 지배되지 않는다. **자신에 대한** 배려를 도외시하게 하는 깊은 피곤함으로 인해 존재의 연속성이 개시된다.[39] 한트케는 "타자가 동시에 내가 된다"고 이야기한다. 타자 속에서도 자신과 함께 가거나 자신으로 남으려는 강박은 '내려놓음'에 자리를 내준다. "그 누구도, 그 어떤 것도 '지배'적이지도 '우세'하지도 않은 상태", 이것이 깊은 피곤함이다.[40]

깊은 피곤함은 **영감을 준다**. "피곤함이 주는 영감은 무엇을 해야 하는가보다 무엇을 내려놓을 수 있는지를 알려준다."[41]

---

38) Peter Handke, *Versuch über die Müdigkeit*, Frankfurt a. M., 1992, S. 75.
39) 깊은 피곤함은 집어삼키는 것과는 완전히 다르다. "피곤함의 밝은 빛"(같은 책, S. 52)이 형태들을 존속하게 한다. 그것은 "나뉘어진다." 이것은 "명확한 눈을 가진 피곤함"이다(같은 책, S. 56). 이러한 점에서도 피곤함은 친절하다.
40) 같은 책, S. 35.
41) 같은 책, S. 74.

"주관성, 활동성, 무한한 현재적 활동성Aktuosität" '무한한 권력' 을 의미하는 헤겔의 '신'은 결코 깊은 피로에 빠지지 않는다. 헤겔의 '정신'은 한마디로 **행함**이며, **'절대적인 장악'**[42]이기 때문에 결코 피곤해질 수 없다. 깊은 피곤함은 헤겔의 '정신'을 형성하는 권력과 주관성에 반대되는 모델이다. 한트케는 완전히 다른 정신, **깊은 피곤함의 종교**를 불러내려 한다. "정신을 영접하는 성령강림사회Pfingstgesellschaft"는 깊은 피곤함의 상태에 있었다[43]고 한트케는 말한다. 정신은 화해시키고 연합한다. 그 어떤 것도 고립된 채 홀로 있지 않고 "늘 다른 것들과 함께한다."[44] 깊은 피곤함 속에서 깨어나는 정신, 그것이 친절함이다. "그렇다. 인류에 대한 나의 최후의 그림은 이것이다. 마지막 최후의 순간, 우주적 피곤함 속에서 서로 화해되어 있는 모습."[45]

---

42) Hegel, *Vorlesungen über die Philosophie der Religion II*, in *Werke*, Bd. 17, S. 316.

43) Peter Handke, *Versuch über die Müdigkeit*, S. 74.

44) 같은 책, S. 68.

45) 같은 책, S. 78.

제4장

권력의 정치학

카를 슈미트는 『정치신학』에서 "주권자란 예외상황을 결정하는 자"라고 썼다.[1] 예외상황에서 법규범은 자기보존이라는 목적을 위해 유예된다. 예외상황은 법 **이전**의 질서, 법에 앞서서 질서를 부여하는 권력 공간을 등장시킨다. 그를 통해서 법이 유예되어 있는 동안에도 국가가 존속하게 된다.

예외상황에서 결정을 내리는 **신학적** 주권자는 모든 긍정적인 권력 규범보다 앞서는 절대적 권력을 갖는다. 그 누구도 그에게 책임을 물을 수 없다. 예외상황에서는 주권자가 절대

1) Carl Schmitt, *Politische Theologie. Vier Kapitel zur Lehre von der Souve-ränität*, Berlin, 1985, S. 11.

적으로 중요한 자기보존을 위해 중요한 사안을 결정한다. 자신을 법규범보다 상위에 정립한 주권자가 법규범의 타당성을 심판한다. 그는 최종 결정의 주체인 것이다. "그 결정은 모든 규범적 구속성에서 벗어나며 본래적 의미에서 절대적이다."[2] 따라서 주권성이란 **자기 자신을 향해 결단**하려는 주관성이다. 예외상황은 이러한 자기 자신으로의 결단을 가장 순수한 형태로 드러낸다. 자기 자신으로의 결단은 모든 권력 공간을 자신의 것으로 삼는다. 그러한 권력을 가진 자만이 자기소외의 위협이라는 급박한 상황을 전환시켜 **자기 자신**으로 머무를 능력이 있다. 예외상황은 자신으로의 회귀를 위한 결단적 시도인 것이다.

『정치신학』에서 슈미트는 예외를 보편자보다 상위에 놓는 키르케고르를 인용한다. 예외는 "강렬한 열정"[3]으로 보편자를 사유한다. 예외는 보편자보다 훨씬 뚜렷하게 모든 것을 드러낸다. 정상상황이 아니라 예외상황이 주권자의 본성을 명백하게 드러내는 것이다. 하지만 정상상황에 대해 좀더 숙고해본다면 슈미트나 키르케고르가 믿었던 것보다 더 많은 것을 밝혀낼 수 있다.

2) 같은 책, S. 19.
3) 같은 책, S. 22.

정상상황에 관한 천재적 철학자로, 열정적으로 보편자를 사유하는 헤겔은 정상상황에서의 주권자의 본질을 밝히고 있다. 그는 군주제를 위해서는 "네"라고 말하는[4] 단 한 사람만 있으면 된다고 주장한다. 그가 말하는 단 한 사람이란 "형식적인 결정의 정점"인 법률에 대해 "네"라고 말함으로써 그 법률을 유효하게 만드는 형식적 주권자이다. 이러한 주권자의 "네"는, 예외상황 시 법규범을 유예시키는 그의 "아니요"에 상응한다. 이때의 "아니요"는 무조건적인 자기긍정의 표현이다. 따라서 두 경우 모두에서 주권자 혹은 국가의 "스스로를 확신하는 주관성"이, 다시 말해 "최종 결정권을 가진 의지의 절대적 **자기규정**"[5]이 표명되고 있는 것이다. 주권자는 자신의 **이름**, 그리고 "나는 원한다Ich will"를 반복함으로써 작용한다. 여기서 중요한 것은 **이름**이다. 그것은 "그 이상 더 나아갈 수 없는 정점"이며, "스스로를 규정하는 완전한 주권자적 의지, 최종적인 **자기결정**"[6]이다. "나는 원한다." "나는 나를 원한다." 이러한 자기 자신을 향한 결단은 국가의 존재를 구성하는 주권자, "다른 누구도 아닌 **자기 자신에서 시작하는 자**"[7]의

---

4) Hegel, *Grundlinien der Philosophie des Rechts*, in *Werke*, Bd. 7, S. 451.
5) 같은 책, S. 444.
6) 같은 책, S. 449.
7) 같은 책, S. 446.

주관성을 체현하는 말이다. 주권자의 의지는 예외상황뿐 아니라 정상상황에서도 발휘되고 있는 것이다. 예외상황에서의 "아니요"가 끊임없이 발화되고 있는 "네"보다 더 긴박한 것일지는 몰라도 이 "네" 역시 "아니요"와 마찬가지로 **자기 자신을 향한 의지**, 권력 공간으로서 국가를 구성하는 주관성을 향한 의지의 표현인 것이다.

형식적이면서 신학적인, 절대적 권력의 주권자는 실제 인간 개인으로서 늘 자신의 권력을 위해 씨름해야 하는 현실의 정치적 주권자와는 구별되어야 한다. 신학적 주권자의 경우와 달리 정치적 주권자의 권력은 상대적이다. 이러한 맥락에서 슈미트는 치명적인 권력의 변증법에 빠진 군주를 주목한다. "중대한 정치적 결정을 내려야 하는 개인은 주어진 조건과 수단을 통해서만 의지를 형성할 수 있다. 절대적 제후조차 정보와 소식에 의존하며 조언자들로부터 독립적이지 못하다. 〔……〕 이로 인해 모든 직접적 권력은 간접적 영향력에 복속되어 있는 것이다."[8]

이 권력자를 중심으로 권력의 "전실前室, vorraum"이 생겨난다. 장관, 고해신부, 주치의, 비서, 심복, 첩 등이 채우고 있는 이 전실은 모함과 거짓말을 통해 본래적인 권력 공간을 도

---

8) Carl Schmitt, *Gespräche über die Macht*, S. 17 이하.

려내고 흔든다. 이 권력의 전실이 권력자를 세상과 완전히 단절시켜, "권력자가 간접적으로 지배하는 자들에게만 접근할 수 있고, 그의 권력에 영향을 받는 다른 사람들에게는 접근하지 못하도록, 또 그 사람들 역시 권력자에게 접근하지 못하도록 만든다."[9] 여기에서도 슈미트는 예외상황에 눈을 돌린다. 예외는 보편자를 강렬한 열정으로 사유할 수 있다. 하지만 보편자는 이 열정을 중단하거나 감출 수도 있다. "권력기구에 의한 권력자의 어쩔 수 없는 고립"이라는 슈미트의 테제는 그 권력기구의 구성적 영향력을, 곧 **권력의 구조적이고 구성적인 발산**發散, **권력의 공간화**를 고려하지 못한다. 권력기구가 반드시 권력 공간을 붕괴시키는 권력 전실의 형태로 등장하는 것은 아니기 때문이다. 정치적 권력을 행사하려면 반드시 권력기구가 필요하다. 하지만 정상적인 경우 권력기구는 "간접적 영향력의 영향권"과는 거리가 멀다. 나아가 어떤 정점 또는 개인에게 권력이 집중되는 일이 없는 의회민주주의에서는 소수만이 접근할 수 있는 "권력자의 영혼으로 향하는 복도"는 생겨나지 않는다. 이전 시대 권력의 전실은 오늘날에는 그와 다른 모습을 띤 권력의 전실들로 대체되었다. **로비**라고 불리는 권력의 응접실이 그것이다.

9) 같은 책, S. 20.

권력을 무력無力으로 만드는 이러한 권력의 변증법은, 슈미트에게는 권력이란 인간이 전유할 수 없는 "객관적이고, 자기 법칙성을 가진 것"임을 보여주는 증거다. 근대적 사회기구들의 복잡성과 익명성은 슈미트로 하여금 권력이 인간의 현실을 "넘어선다"[10]는 주장을 하도록 이끌었다. '인간은 인간에게 인간homo homini homo'이라는 멋진 정식은 더 이상 유효하지 않다는 것이다. 권력은 "인간에 대한 인간이 생각할 수 있는 모든 권력의 척도"[11]를 초월한다. 슈미트가 권력

---

10) 슈미트에 따르면, 리바이어던은 "인간들로 이루어진 초인간이며, 사람들의 합의로 생겨나지만 그가 존재하는 순간 모든 사람의 합의를 넘어서는" 존재다 (Carl Schmitt, *Gespräche über die Macht*, S. 29). 리바이어던은 "다른 모든 기계들의 구체적인 전제"이기에 "기계의 기계"이다. 그에 따르면 리바이어던과 현대 기술은 같은 근원에서 나온 것이다. 그 둘은 인간의 "권력 의지"보다 더 강한 "초권력"의 표현 형태이다(같은 곳). 슈미트는 "현대적인 기계와 방법들이 인간의 근육과 두뇌의 힘을 넘어서듯" "그를 고안하고 사용하는 인간 개인들의 힘"을 넘어서는 "현대 살상무기들의 권력"에 관해 이야기한다. 이를 통해 슈미트는 부적절하게도 현대 기술을 인간에게 내맡겨진 권력으로 인격화하고는, 이러한 인간의 무력에 직면하여 인간을 불러내려 한다. 하지만 기술을 초권력으로 확대 해석하는 것은 본래의 실상을 가리는 일이다. 기술은 인간이 스스로를 외부까지 확장시키는 권력 수단이다. 기술은 인간의 지각과 육체, 그리고 습성을 세계 속으로 확장시킨다. 그를 통해 기술은 세계를 인간과 유사하게 만든다. 리바이어던이나 기술적 장비도 사실은 인간과 매우 닮아 있다. 인간은 그를 통해 세계에서도 자기 자신으로 머무를 수 있으며, 자기소외의 위험을 줄인다. 도처에서 인간은 자신으로 회귀하며, 도처에서 자기 자신을 볼 수 있게 된다. 기술은 타자 안에서 자기 자신으로 존재하게 하고, 그 속에서 인간이 자신을 연속시키는 공간을 만들어낸다. 슈미트와 마찬가지로 하이데거 역시 기술을 초인간적 권력으로 고양시킨다. 하이데거도 기술이 인간의 얼굴을 하고 있다는 것을, 그것이 인간의 권력 추구의 귀결이자 표현이라는 것을 인식하지 못하는 것이다.

을 초인간적 현실이라고 규정하는 것은, "권력과 무력이 〔……〕 더 이상 서로 눈에 눈을 맞대고 있지 않고, 더 이상 인간에 의해 인간에게로 향하지 않으며" "예측하기 힘들 정도로 고도화된 노동 분업 체계"[12] 안에서 개인 권력자의 권력이 "특정한 상황의 분비물"[13]로 축소되어버린 데 대한 반응이다.

슈미트는 권력이 한 개인에게 귀속될 수 없게 된 상황을 이론적으로 포착하지 못한다. 슈미트는 현대 사회가 권력을 급진적인 방식으로 발산시키고 탈중심화한다고 보는 대신, 권력을 인간이 복속해 있으며 인간을 치명적 변증법으로 끌어들이는 "자립적 실재"로 인격화한다. 권력이 인간의 의지에서 벗어나고 인간이 더 이상 결정을 내릴 수 없기 때문에 인간이 더 이상 주권적이지 못하다는 것이다. **"인간으로 존재한다는 것은 그럼에도 불구하고 하나의 결단"**[14]이라고 말하면서 슈미트가 **인간을 불러내는 데** 열중하는 것은 그러한 이유 때문이다.

공간과 전실, 직접적 권력과 간접적 영향력을 구분하는 것에도 문제가 있다. 권력에 참여하고 있는 권력의 전실은 이미 권력 공간의 한 부분이다. 간접적 영향력의 영향권이 권력 공

---

11) Carl Schmitt, *Gespräche über die Macht*, S. 28.
12) 같은 책, S. 29.
13) 같은 책, S. 27 이하.
14) 같은 책, S. 32.

간을 도려내고 그 빈 곳을 점유할 수 있다면, 그 영향권 자체가 이미 권력 공간이 된 것이다. "몇 명의 친구들이 중병에 걸린 권력자의 침대 곁에서 세계를 통치하는 병실"[15]은 이미 강력한 권력 공간이다. 그 전실은 실제로 권력의 부속공간 Nebenräum이다. 권력의 부속공간이 생긴다는 것은 그 어떤 인간의 권력 공간도 완전하게 폐쇄적이지 못하다는 사실을, 어떤 공간도 절대적으로 자기 자신으로 머무를 수 없다는 사실을, 인간의 권력은 그 유한성으로 인해 늘 자기소외의 위험에 노출되어 있다는 사실을 증명하는 것이다. 이처럼 결핍된 폐쇄성으로 인해 인간의 권력 공간은 늘 부속공간, 전실 혹은 주변공간에 노출되어 있다. 그것들은 동시에 그 공간의 상처이기도 하다. 자기주장과 자기 소외의 변증법은 인간의 권력이 지닌 유한성에서 나오는 것이다.

권력 전실에 대한 슈미트의 이론에는 **정보**에 대한 권력의 의존성을 보여주는 흥미로운 사례가 등장한다. 1890년 비스마르크의 사임 청원Entlassungsgesuch에 대해 슈미트는 이렇게 쓴다. "제국을 수립했던 늙고 경험 많은 제국 재상 비스마르크가 경험 없는 상속자인 젊은 왕자 빌헬름 2세와 대결한다. 이들 사이에는 국내외 정치를 둘러싼 많은 대립과 이견이 존

15) 같은 책, S. 19.

재한다. 하지만 가장 중요한 지점인 사임 청원의 핵심은 순전히 형식적인 것이었다. 그것은 재상이 어떤 방식으로 정보를 얻어야 하느냐, 왕과 황제는 어떻게 정보를 얻어야 하느냐라는 질문을 둘러싼 논쟁이다."[16] 비스마르크의 시대와는 완전히 다른 차원에 도달한 오늘날의 미디어들은 **정치적 정보학**을 근본적으로 변화시킨다. 미디어들은 정보 장벽을 쉽게 극복한다. 그래서 권력 공간을 공공 영역으로부터 완전히 단절시키는 권력 전실의 형성은 불가능하다. 현대의 정보기술은 그런 종류의 권력 전실을 손쉽게 뚫어버릴 것이기 때문이다.

미디어가 정치 분야에서 왕성한 활동을 벌이기는 하지만 그 자체로 본래적 의미의 권력을 가지고 있지는 않다. 자주 사용되는 "미디어 권력"이라는 말은 그래서 오해를 불러일으킨다. 슈미트의 표현을 빌려 말하자면 미디어는 간접적 영향력의 영향권을 형성한다. 미디어에는 명확한 지향적 구조가 결여되어 있다. 미디어의 공간은 너무 모호하고, 지나치게 분산되어 있다. 전체적으로 볼 때 미디어는 어떤 특정 행위자나 특정 기구에 의해 주도되지 않는다. 미디어에 내재하는 특성인 구조적 분산과 탈집중화는 한 곳으로의 뚜렷한 귀속을 허용하지 않는다. 미디어 공간에는 너무나 많은 행위자와 다

16) 같은 책, S. 21.

양한 의도가 자리 잡고 있기 때문이다. 어떤 특정한 방향으로 향해 있지 않은 인터넷 공간은 그 때문에 우연성을 극단적으로 증가시킨다. 나아가 권력과 영향력은 서로 구분되어야 한다. 아무 영향력도 행사할 수 없는 권력은 권력이 아니라는 건 분명하지만, 그렇다고 해서 권력 구조가 언제나 영향력을 갖고 있는 것은 아니기 때문이다. 영향력은 연속체를 형성하는 것과는 무관하다. 영향력은 점點적으로도 일어날 수 있지만 권력은 공간의 현상이기 때문이다. 미디어는 스스로를 권력 공간으로 조직하지 않는다. 하지만 미디어와 권력 과정 사이에는 다양한 상호관계가 가능하다. 미디어가 권력의 전략적 행위에 의해 전유될 수도 있고, 지배적인 권력 질서를 불안하게 만들 수도 있다. 이러한 이유에서 전체주의적 권력은 미디어 공간을 점유하려 하고, 나아가 공공 여론의 형성은 미디어의 발전과 떼어놓고 생각할 수 없다.[17]

예외상황, 그리고 무성하게 자라나는 권력의 전실에만 열중하는 통에 슈미트는 권력이 얼마만큼 공간의 현상인지를

---

17) 푸코 또한 공공 여론의 형성을 문자성Schriftlichkeit과 연결시킨다. "법률은 공포되어야 하고 누구나 접근할 수 있어야 한다. 구술적 전통과 관습법 대신에 '사회계약의 안정적인 기념비'인 성문화된 법률이, 즉 모두가 접근할 수 있는 인쇄된 텍스트가 등장해야 하는 것이다. 소수의 몇 명이 아니라 대중Publikum 이 성스러운 법률을 보호하고 지키도록 만드는 것, 그것이 인쇄술이다……" (Michel Foucault, *Überwachen und Strafen*, S. 122).

묻지 않는다. 권력 전실의 형성은 권력 공간 자체가 작동하는 방식에 대해서는 알려주지 않는다.[18] 물론 권력은 어떤 점에서는 정점이나 한 명의 개인에게 집중될 수도 있다. 하지만 이 정점에 권력이 **세워질** 수는 없다. 그 정점이 권력이기 위해서는 자신을 담지하고 긍정하며 정당화하는 **공간**이 있어야 한다. 권력은 정점에 집중되어 있다 하더라도 **공간**의 사건, 함께함 또는 전체성의 사건이다. 개별화와 고립은 권력에 유해하다. 반대로 그것들은 폭력과 함께할 수는 있다. 폭력은 점點적으로 일어나기 때문이다. 폭력이 권력을 생겨나게 할 수는 있지만, 그렇다고 해서 권력이 폭력에 근거하는 것은 아니다. 폭력은 **스스로를 공간화하지 못하기 때문이다.**

권력은 연속체를 만들어낸다. 이는 두 사람 사이의 관계에서도, 고대 그리스의 폴리스에도 적용된다. 오로지 자기 자신으로만 개별화되어 있는 에고는 폭력을 동원해야만 타자의 의지를 꺾을 수 있을 것이다. 이러한 개별화의 상태에서 에고는 타자에게 아무 권력도 갖지 못한다. 에고가 타자에게 폭력

---

18) 서양의 역사를 기술하는 가운데 아감벤 역시 열정적으로 예외상황에 집착하고는 그것을 상례常例로 만든다. 그를 통해 그에게는 수용소가 '근대의 노모스'가 된다. 이에 관해서는 Giorgio Agamben, *Homo sacer*, S. 175. 하지만 권력의 공간이 권력의 전실로부터 설명될 수 없듯이, 근대의 정치적 공간이 수용소에서 도출되지는 않는다. 인류 역사에 있어온 정상상황들을 생각해보면, 도래하는 인간은 호모 사케르가 아니라 호모 리베르Homo liber일 것이라는 희망을 가져볼 수 있다.

을 가하는 것은 권력이 결핍되어 있다는 것을 의미한다. 폭력은 무력無力의 표시다. 그에 반해 타자가 자유롭게 에고에게 복종한다면 에고는 타자를 상대로 큰 권력을 소유하게 될 것이다. 이 경우 에고는 폭력을 동원하지 않고도 타자에게 자신을 연속시킨다. 이 권력 덕택에 에고는 타자에게서 자기 자신으로 머무른다. 권력은 이러한 **연속성**을 형성하고 에고 혹은 에고의 의지를 **공간화**한다. 그에 반해 폭력이나 박해는 갈라진 틈을 더 깊게 하고 공간을 축소시킨다. 한 명의 개인 행위자에게 집중되어 있지 않은 관계에서도 권력은 연속성을 낳는다. 권력은 부분들을 서로 연결시키고 매개하는 전체성의 중력을 형성한다.

혁명 상황에서는 폭력이 등장할 수도 있다. 하지만 폭력에만 의존하고 어떤 권력에도 의거하지 않는다면 그것은 아무것도 이루지 못한다. 권력이 없으면, 즉 타자의 동의가 없으면 폭력은 좌초할 수밖에 없다. 그와 달리 권력을 가진 폭력은 새로운 공간을 이끌어낸다. 폭력은 공간을 장악할 수는 있지만, 공간을 창출해낼 수는 없는 것이다. 특정한 정치 공간이 생겨날 때 폭력이 구성적 역할을 수행할 수도 있다. 그렇지만 정치적인 것은 폭력이 아니라, 행위 **연속성**을 산출해내는 **공동**의 의지에 기인한다. 헤겔도 이렇게 쓴다. "[……] 국가가 폭력을 통해 생겨날 수 있다고 해서 국가가 폭력에 근거하는 것은 아니다. 〔……〕 국가를 지배하는 것은 국민의 정신, 인륜, 법이다."[19] 헤겔에게서 정신의 힘/권력은 **우리**, 공동체, 즉 모두에게 공통적인 것의 연속성을 산출해내는 데 있다. 정신이 자기 자신으로의 결단에 근거하는 열광적인 동조同調를 이끌어내는 한, 그것은 권력이 된다. 폭력에는 이러한 매개의 권력, 곧 **정신**이 결여되어 있다. 권력만이 정치적인 것을 산출해낼 수 있다.

"결코 총구에서 나오지 않는 것, 그것이 권력이다"[20]라고 말한 한나 아렌트Hannah Arendt는 이러한 권력의 공간성을 잘 알고 있다. 좁은 총구로는 어떤 공간도 만들어내지 못한다. 총구는 근본적으로 지극히 고독한 장소Ort다. 공간을 창출하고 권력을 산출해내는 것은 타자에 의한 정당화이다. 그렇기에 "폭력 없는 권력"이라는 말은 모순어법이 아니라 중복어법Pleonasmus이다.[21] 한 개인이 힘이나 강제력을 소유할 수는 있지만 그 혼자서는 결코 권력을 산출해내지 못한다. 아렌트는 권력이 함께 있음Mitsein 그 자체에서 나온다고 말한다.

19) Hegel, *Enzyklopädie der philosophischen Wissenschaften III*, in *Werke*, Bd. 10, S. 221.

20) Hannah Arendt, *Macht und Gewalt*, München, 1970, S. 54.

21) 다음과 같이 말하는 젊은 시절의 니체는 이러한 점에서 권력의 본질을 놓치고 있는 것이다. "폭력이 최초의 법을 만들어낸다. 그 토대가 월권, 강탈, 폭행이 아닌 법은 없다"(Friedrich Nietzsche, *Nachgelassene Schriften 1870~1873*, KSA 1, S. 770).

"권력은 사람들이 함께하고 공동으로 행동할 때handeln 생겨
난다. 그 권력의 정당성은 한 집단이 그때마다 설정하는 목표
나 목적에 근거하지 않는다. 그것은 그 집단이 생겨날 때 일어
나는 그 권력의 기원에서 나온다."[22) 아렌트에게도 권력은 연
속성의 현상이다. 정치적인 것은 행동의 연속성을 전제한다.

아렌트의 "등장 공간Erscheinungsraum" 개념도 권력의 공간
적 성격을 이야기하고 있다. 아렌트에 따르면 폴리스는 "공
간의 사이Zwischen" "사람들이 함께 행동하고 말할 때마다 빛
을 내는 사이로서의"[23) "등장 공간"이다. 그것은 "사람들이
서로의 앞에 등장함으로써 생겨나는 공간, 살아 있거나 죽은
사물들처럼 그냥 거기 있는 것이 아니라 그렇게 등장함으로
써 생겨나는"[24) 함께 있음의 공간이다. 이 등장 공간은 함께
행동하고 이야기할 때 빛난다. 아렌트는 권력을 곧바로 이 등
장 공간과 동일시한다. "권력은 공공 영역을, 행동하는 자와
이야기하는 자들 사이의 잠재적인 등장 공간을 생겨나게 하
고 지속시키는 것이다."[25) 권력은 함께 행동하고 함께 이야기
하는 정치적 공간을 등장시키는 법이다. 아렌트는 "권력" 개

22) Hannah Arendt, *Macht und Gewalt*, S. 53.
23) Hannah Arendt, *Vita activa oder Vom tätigen Leben*, München, 1981, S.
199.
24) 같은 책, S. 192.
25) 같은 책, S. 194.

넘을 매우 긍정적으로 사용한다. 아렌트는 "무엇인가가 등장하고 모습을 드러내게 하는 권력에 고유한 광휘Glanz"[26)에 대해, 혹은 "권력을 통해 밝혀지는 공공성의 밝음"[27)에 대해 이야기한다. 등장은 현존보다 더 크다. 그것은 **작용**이다. 그렇기에 권력만이 "삶의 감정"[28)을 넘어 "현실감정"을 생겨나게 한다.

하버마스Jürgen Habermas는 '의사소통적'이라 부를 수 있는 이러한 권력 개념을 흔쾌히 받아들인다. 그는 아렌트를 인용하면서 권력의 근본 현상은 의사소통적으로 공통의 의지를 산출해내는 것이라고 말한다. "한나 아렌트는 의사소통적 행위 모델에서 출발한다. '권력은 행동하거나 무엇인가를 할 수 있는 능력에서 나오는 것이 아니다. 권력은 서로 관계를 맺고 그들과의 합의 속에서 행동할 수 있는 인간 능력에서 나온다.' 권력의 근본 현상은 자신의 목적을 위해 타자의 의지를

26) 같은 책, S. 199.
27) 같은 책, S. 201.
28) 같은 책, S. 192. 죽음에 대한 두려움 때문에, 다시 말해 단순한 생명을 보존하기 위해서 권력 투쟁을 회피하는 헤겔의 '노예'는, 아렌트에 따르면 "현실감정"을 얻을 능력이 없다. 그는 "삶의 감정" 쪽을 택한다. 반대로 단순한 삶보다는 권력을 더 중시하는 주인은 죽음의 감정과 대결하고 삶(목숨)을 내건다. 권력과 인정을 둘러싼 이러한 투쟁이 "등장 공간"을 열어준다. 그 공간 속에서 인간은 그저 사물처럼 존재하는 것이 아니라 서로의 앞에 등장한다. 아렌트에게는 바로 이로부터 정치적인 것이 출발한다. 죽음에 대한 두려움이 아니라 죽음을 향한 자유가 정치적인 것의 현실을 생겨나게 하는 것이다.

도구화하는 것이 아니라, 상호이해를 지향하는 커뮤니케이션을 통해 공통의 의지를 형성하는 것이다."[29] 권력은 사이에서 나온다. "본래 그 누구도 권력을 점유하지 않는다. 그것은 함께 행동하는 사람들 사이에서 생겨나며, 그들이 다시 흩어지자마자 사라진다."[30]

아렌트의 권력 이론은 매우 형식적인 차원에 자리 잡고 있다. 등장 공간, 나아가 현실감정을 처음으로 생겨나게 하는 것이 권력이다. 사람들이 함께 행동하는 곳에는 권력이 있으며, 정치적인 것은 이러한 권력을 산출해내는 공동행위에 근거한다. 이러한 형식적, 추상적 권력 개념은 그 자체로 매력적이긴 하다. 하지만 중요한 질문은, 권력이 정말 공동행위 자체에서만 기인할 수 있는 것인지, 등장 공간이 **권력 공간**이 되기 위해서는 **무엇인가가 추가되어야** 하는 게 아닌지 하는 것이다.

소통이론적 권력 모델을 따른다면, 최고의 권력 형태는 모두를 하나의 공동행위로 집결할 수 있는 완전한 일치일 것이다. 하지만 최고의 권력 형태에 대한 아렌트의 정의는 이와 다르다. "모두가 하나와 대립하는 관계에서 권력의 극단적

29) Jürgen Habermas, *Philosophisch-politische Profile*(증보판), Frankfurt a. M., 1981, S. 229 이하.
30) 같은 책, S. 238.

형태가 생겨난다. 하나가 모두와 대립하는 관계에서 폭력의 극단적 형태가 생겨난다."[31] "하나가 모두와 대립한다"는 폭력의 극단적 형태에 대한 정의는 분명하게 이해된다. 폭력은 **고독한** 행위이기 때문이다. 폭력은 타자들의 동의에 의거하지 못한다. 그렇다면 그것의 대립물, 곧 권력의 극단적 형태는 모두가 동의한다가 되어야 할 것이다. 그런데 아렌트는 "모두가 하나에 대립한다"로 정의했다. 왜 "대립"일까? 어째서 모두의 동의에서 나와야만 할 권력의 극단적인 경우가 "대립"을, 혹은 모두와 대립하는 "하나"를 필요로 하는 것일까? 이러한 불명료한 정의는 무엇을 말해주는가? 권력의 정의에 숨어든 이러한 "하나"는 권력의 어떤 중요한 속성을 지시하고 있는가? 이 "대립"은 간접적으로 다음과 같은 생각을 시사한다. 권력은 일차적으로 함께함의 현상이 아니라 자기의 현상이며, 모든 권력 구성체에는 주관성, 자기 자신으로의 결단이 내재하며, 그 주관성은 권력 구성체 내부 또는 외부에서 대립이 일어날 경우에만 등장하게 될 것이라는 생각이 그것이다. 여기에서의 자기 자신은 추상적인 것이다. 그것은 특정한 개인이 아니라, 인간 집단에도 내재하고 있는 자신을 욕망함 혹은 자신에게로 회귀하는 주체를 지칭한다.

31) Hannah Arendt, *Macht und Gewalt*, S. 43.

어떤 공동체가 하나의 행위를 공동으로 수행할 때, 자신을 의욕하고 자신을 향해 결단하는 공동의 자기(我)가 생겨난다. 이러한 주관성, 이러한 자신으로의 결단은 무엇보다 "하나" 가 공동체에 대립하는 순간 가시화된다. 공동체의 권력이 이 하나의 적대자에서 기인하지는 않지만, 그 하나의 대립이 부정적으로 전체와 만나는 곳에서는 전체의 자신으로의 결단, 다시 말해 공동의 자기가 모습을 드러낸다. 이러한 자기는 모든 권력 구성체에, 다시 말해 한 명의 권력자뿐 아니라 공동체에도 내재한다. 예외상황과 같은 극단적인 대립의 경우 자신을 유지하기 위한, 자신으로의 권력 수축이 일어난다. 자신으로의 결단은 자신을 향한 의지에서 나온다. 자신을 향한 이러한 의지 없이는 어떤 권력 구성체도 생겨나지 않는다. 모든 형태의 권력에는 이렇게 자신을 반복하는 최소한의 주관성이 근거로 놓여 있다. 그 주관성이 존재의 공간을 비로소 권력 공간으로 변화시키는 것이다.

아렌트의 권력 이론은 공동행위 그 자체에서 출발한다. 하지만 그것은 이러한 협력적이고 소통적인 차원에 머무르지 않는다. 아렌트의 권력 이론은 전략적이고 논박적인 차원에서도 펼쳐지는데, 문제는 그 차원으로의 이행이 이론적으로 설득력 있게 설명되지 않는다는 점이다. 권력의 극단적 형태에 대한 정의에 공동행위 자체로부터 기인하지 않는 "대립"이 등장하는 것도 그 때문이다. 권력에 대한 아렌트의 사례는 모두 전략적이고 논박적인 성격을 지니고 있다. 그 사례들은 정치적인 것이 또 다른 중요한 요소를 지니고 있음을 알려준다. 정치적인 것은 공동행위로만 환원되지는 않는다는 사실이다.

아렌트를 읽을 때 하버마스는 아렌트의 권력 개념이 지닌 내적 모순을 무시한다. 그는 아렌트의 권력 개념을 소통적 계기로만 축소한다. 하버마스는 아렌트의 다음 문장에서 의사소통적 권력에 관한 사유를 읽을 수 있다고 믿는다. "본래 그 누구도 권력을 점유하지 않는다. 그것은 함께 행동하는 사람들 사이에서 생겨나며, 그들이 다시 흩어지자마자 사라진다." 하지만 이 문장 바로 다음에 이어지는 글은 하버마스의 생각을 완전히 뒤집는다. 그것은 다음과 같다. "수적으로는 소수이지만 잘 조직된 인간 집단이 거대 제국과 수많은 사람을 오랫동안 지배할 수 있다. 역사적으로 볼 때 가난한 소수민족이 거대하고 부유한 나라에 대항해 승리한 일도 드물지 않다. 〔……〕 특정 상황 아래에서는 소수의 권력이 다수의 권력보다 우세하다고 증명할 수 있는 것이다."[32] 이 인용으로부터 공동행위는 전략적 행위, 다시 말해 성공을 지향하는 행위라는 사실이 도출될 수 있을 것이다. 전략적 행위는 필수적

32) Hannah Arendt, *Vita activa*, S. 194.

으로 조직과 전략을 요구한다. 효과적인 조직과 훌륭한 전략을 통해서만 수적으로 열세한 집단이 우세한 집단보다 더 큰 권력을 가질 수 있기 때문이다.

권력이 소통과 상호이해에만 근거하지 않는다는 사실은, 아렌트가 권력을 폭력과 구분하기 위해 제시한 사례에서도 분명하게 드러난다. "우리가 아는 가장 압제적 정체인 노예제도—— 수적으로는 지배되는 노예가 주인보다 훨씬 많았다—— 폭력 수단 자체의 우위에 근거하고 있었던 것은 아니다. 그것은 서로 연대하고 있던 노예주들의 우월한 조직, 곧 권력에 근거하고 있었다."[33] 이 사례에 등장하는 것은 소위 의사소통적 권력이 아니다. 지배자의 전략과 조직 앞에서 노예들의 '견해'만으로는 어떠한 권력도 생겨나지 못한다. 노예들은 스스로를 조직하지도, 전략을 발전시키지도 못했다. 노예주들의 권력은 그 집단의 우월성이며, 그것은 "우월한 조직", 다시 말해 효과적 전략 덕택이다. 이 권력은 상호이해를 목적으로 하는 **의사소통적 권력**이 아니라 성공을 지향하는 **집합적 권력**[34]이다. 하버마스는 이러한 집합적 권력을 상호이해를 지

33) Hannah Arendt, *Macht und Gewalt*, S. 51.
34) 아렌트보다 훨씬 이전에 파울 틸리히는 권력이 집합적인 행위기획에 근거한다고 주장했다. "권력을 담지하는 근거는 무엇인가? 사회적 권력은 사회에서 통일된 의지가 생겨나는 한에서만 가능하다. 그런데 그 통일된 의지는 그를 담지하는 집단이나 거기서 나온 그 통일을 대표하고 관철시키는 개별 인물들을 통

향하는 의사소통의 한 효과라고 축소시킨다. "한나 아렌트는 권력 개념을 목적론적 행위 모델에서 떼어놓는다. 권력은 소통적 행위 속에서 형성된다. 권력은 모든 참여자의 상호이해를 자기 목적으로 삼는 담론의 집단 효과 안에 존재한다."[35] 하지만 상호이해가 유일한 목적이자 자기 목적이라면, 어떤 권력 공간도 생겨나지 않을 것이다.

아렌트는, 어쩌면 자신의 의도와는 달리, 반복적으로 권력을 조직과 전략에 관련시킨다. "국내 정치적으로도 폭력은 범죄자나 항거자들, 다시 말해 이미 결정된 다수의 의견을 거부하는 개별자들이나 사라져가는 소수자들에게 적용되는 권력 수단으로 기능한다. 일반적인 경우 다수자의 초권력은 권력의 요구를 수용하지 않는 사람들에게 경찰이 폭력을 사용하도록 위탁 혹은 허락한다. 그런데 벌거벗은 폭력이 결정적인 힘을 가질 것처럼 보이는 전쟁에서조차, 비교할 수 없을

해 생겨난다. 따라서 권력이란 현실화된 사회적 통일인 것이다"(Paul Tillich, "Die sozialistische Entscheidung", *Gesammelte Werke*, Bd. 2, S. 219~365, 특히 S. 342 이하 참조). 홉스 또한 집합적 권력의 막강함을 알고 있다. "가장 위대한 인간의 권력은 대부분의 사람들의 권력으로부터 구성되어, 합의를 통해 자연적 개인이나 국가의 개인에게서 통일된 권력이다. 그 개인에게는 그들 의지에 의존하는 권력이 그 공동체의 권력으로 주어져 있다. 달리 말하면, 모든 개별인의 의지에 의존하는 권력이 한 정당 혹은 다양한 연합체들의 권력으로 주어져 있다"(Thomas Hobbes, *Leviathan*, S. 69 참조).
35) Jürgen Habermas, *Philosophisch-politische Profile*, S. 231.

만큼 월등한 권력 수단을 가진 편이 장비는 형편없지만 잘 조직되어 있어서 훨씬 막강한 적과 상대해 무력해지는 일이 일어나기도 한다. 베트남에서 그랬듯이 말이다."[36] 아렌트가 자주 그렇듯이 여기서의 논증은 불명료하다. 처음에 아렌트는 "다수가 결정한 의견"의 권력에 의거하는 국가의 폭력에 대해 이야기한다. 그러고는 아무 매개 없이 법치국가에서 전쟁으로, 곧 국가의 폭력에서 전쟁의 도구적 폭력으로 주제를 바꾸는데, 그녀는 그런 폭력을 "의견"의 권력과 구분하고 싶어 한다. 그런데 아렌트는 다시 권력과 **조직** 사이의 긍정적 상호관계를 강조한다. 이러한 **조직**의 권력은 '의견'의 권력으로 단순히 환원되지 않는다. 그 조직이란 전략적인 성질을 가지고 있기 때문이다.

소통적 권력에 집착하는 나머지, 하버마스도 권력과 전략 사이의 이러한 가까움을 보지 않는다. "한나 아렌트에게도 전략적인 행위는 비정치적이다. 〔……〕 전술Kriegshandwerk에서는 적을 위협하거나 물리적으로 제압하기 위해, 폭력 수단을 잘 계산해 투입하는 것이 중요하다. 하지만 파괴 수단의 축적이 초권력을 더 강하게 만드는 것은 아니다. 군사적 강성

---

36) Hannah Arendt, *Macht und Gewalt*, S. 52. 여기에서도 아렌트의 서술이 논증적인 엄격함을 결여하고 있다는 것이 분명해진다. 아렌트는 연상적 혹은 자의적으로 논증의 차원을 바꾸는 일이 잦은데, 그래서 개념적 불명료함이 생긴다.

은 종종 (베트남 전쟁이 보여주었듯이) 내적인 무력無力의 대응물이다. 나아가 몇몇 전략은 전략적 행위를 도구적 행위에 종속시킨다. 〔……〕 합목적적으로 군사적 도구를 활용하는 것은 대상을 제작하거나 자연을 가공하기 위해 도구를 사용하는 것과 같은 구조를 갖는 것처럼 보인다. 따라서 한나 아렌트는 전략적 행위를 그냥 도구적 행위와 동일시해버린다. 전쟁 상황에 대해 이야기하면서 그녀는 전략적 행위가 폭력이면서 동시에 도구적이라는 것을 보여준다. 이러한 유형의 행위는 정치적인 영역의 외부에 있다."[37] 아렌트는 자기가 내세운 사례에서 전쟁도 정치적이라고 생각한다. 정치적인 것에는 전략적인 것이 포함된다. 하지만 전략적인 것은 도구적인 것과 동일하지 않다. 하버마스는 아렌트가 전략적 행위를 '그냥' 도구적 행위와 동일시한다고 주장한다. 하지만 이는 사실이 아니다. 그녀가 든 사례들은 오히려 그 반대를, 곧 전략적 행위가 도구적 행위에 포섭될 수 없다는 것을 보여준다. 그렇다면 하버마스는 베트남인들의 승리가 어디에서 왔다고 보는가? 그들의 권력은 어디에 있는 것인가? 아렌트는 베트남인들의 성공이 더 뛰어난 조직에서 기인했다고 본다. '장비는 형편없지만' 그들은 '잘' 조직되어 있다. 그런 점에서 그들

---

37) Jürgen Habermas, *Philosophisch-politische Profile*, S. 241.

의 성공도 전략적인 성격을 갖는다. 그것이 전쟁 상황이기 때문이다. 그에 반해 하버마스는 의사소통적 권력으로부터 전략적인 것도, 도구적인 것도 모두 떼어내고 싶어 한다. 하지만 소통적 권력만으로는 결코 승리할 수 없다. 베트남 전쟁은 전략적인 승리의 사례인 것이다. 하버마스가 소통적 권력과 도구적 폭력을 엄격하게 나누려고 하는 것에는 문제가 있다. 그럴 경우 정치적인 것이 자라나는 **전략적인 사이 공간**이 지각되지 못하기 때문이다.

하버마스에 따르면 "권력의 근본 현상"은 "상호이해를 지향하는 커뮤니케이션을 통해 공통의 의지를 형성하는 것"이다. 하지만 이러한 동의의 모델은 권력 발생이라는 문제를 심각하게 축소시킨다. 하버마스는 권력이 지닌 한 측면을 "권력의 근본 현상"이라고 내세우는 것이다. 명령하는 주체와 복종하는 주체 사이의 비대칭적 관계는 당연히 권력관계이지만, 이는 상호이해를 지향하는 커뮤니케이션에 근거하지 않는다. 둘의 관계에 존재하는 권력은 오히려 이러한 소통과 대립된다. 그 권력은 자신을 **선포하는 방식**으로 작용하기 때문이다. 거꾸로 타자들과 함께 행동하고자 하는 요구가 반드시 권력의 요구를 근거로 삼는 것도 아니다.

권력에 대한 하버마스의 의사소통적 모델은 권력이 지닌 전략적이고 논박적인 차원을 보지 못하게 한다. 그에 반해

〔상호 간의〕 투쟁에만 관심을 갖는 권력 이론[38]은 공동행위, 공통의 의지의 형성, 집합적 자기에 근거하는 권력의 소통적 혹은 집합적 차원을 포착하지 못한다. 한번은 투쟁을, 다음에는 동의를 "권력의 근본 현상"이라고 설명하는 것은 그리 생산적이지 못하다. 그보다는 동의 모델과 투쟁 모델 모두를 **한 권력의 서로 다른 모습**으로 서술하는 게 의미 있을 것이다. "자신의 목적을 위해 낯선 의지를 도구화하는 것"과 "상호이해를 지향하는 소통 안에서 공통의 의지를 형성하는 것"을 모두 권력의 서로 다른 형태로 볼 수 있게 하는 설명 모델을 찾아야 한다는 말이다.

주관성과 **연속성** 또는 **자기**Selbst와 **연속체**는 모든 권력 모델에 항시적으로 존재하는 두 개의 구조적 계기이다. 권력은 타자 속에서 자신을 연속시키는 에고의 능력이다. 그 권력은 에고가 중단 없이 자기 자신으로 존재함으로써 **자아의 연속체**를 만들어낸다. 예를 들어, 국가 같은 정치적 권력체 또한 포괄적인 질서를 산출해내는 연속체이다. 국가 역시 주관성의 구조를 가지고 있다. 공동체도 자기Selbst로서 등장한다. 공동체는 자기를 획득하거나 주장한다. 국가수반 혹은 주권자 같은

---

38) 호네트는 권력을 지배와 사회적 투쟁의 견지에서만 이해한다. 그래서 그는 권력의 구성적 차원을 간과했다(Axel Honneth, *Kritik der Macht* 참조).

형상들이 그 주관성의 구조를 가시화해 보여준다.

권력의 투쟁 모델을 비롯해 집합체 모델이나 동의 모델도 모두 여기서 이야기한 권력의 구조적 계기들에 근거한다. 공동의 결단이나 "다수의 의지 충동과 의도의 합치"[39]는 모두 **집합적 자기**에 의해 점유되는 **행위연속체**를 만들어낸다. 투쟁을 통해 생겨난 권력관계 역시 이 두 가지 계기를 갖는다. 승자는 패자에게서 자신을 연속시킨다. 그를 통해 승자는 패배한 타자에게서도 자기 자신으로 머무른다. 권력이 그에게 자아의 연속체를 마련해주는 것이다. 이러한 권력의 구조적 계기라는 견지에서 보자면 투쟁 모델과 동의 모델은 서로 대립하지 않는다. 또한 두 권력 모델 중 그 어느 것도 순수한 형태로 등장하지 않는다. 예를 들어 투쟁이 집단 사이에서 일어나는 경우 이는 각 집단 구성원의 결단적인 공동행위를 전제로 한다. 논박적이거나 전략적인 행위로부터 완전히 자유로운 공동행위는 존재하지 않는다. 의지의 복수성複數性 자체가 소통을 전략적으로 재형성하기 때문이다.

권력을 상호이해를 지향하는 소통적 행위의 "집단효과"라고 규정하면서 전략적 행위로부터 깔끔하게 구분해낸 하버마스는 이를 다시 정치적인 것에 도입하려 한다. 정치적인 것을

---

39) Hannah Arendt, *Vita activa*, S. 195.

전략적 행위를 포괄하는 것으로까지 확장시켜, 권력의 소통적 산출물을 '현실적인 버전'[40]으로 만들기 위해서이다. "정치적인 것의 개념은 정치적 권력을 둘러싼 전략적 경쟁과 정치 시스템에서 권력이 사용되는 데까지 확장되어야 한다. 정치는, 한나 아렌트가 이해하듯, 공동으로 행동하기 위해 서로 대화를 나누는 사람들의 실천과 동일시될 수 없다. 반면, 현재 지배 담론은 이 개념을 권력 경쟁과 권력 배당만으로 좁히고 있는데, 그를 통해서는 권력 산출이라는 본래적 현상을 포착하지 못한다."[41] 하버마스는 권력 투쟁을 정치적인 것에 통합되어 있는 것으로 이해하려 한다. 하지만 권력의 긍정성을 소통적 행위 안에서만 보려고 하는 하버마스에게, 전략적이고 권력 지향적인 행위는 소통을 억압하는 폭력의 원천으로 여겨진다. 여기에는 문제가 있다. "물론 우리는 전략적 행위의 요소를 정치적인 것의 개념에서 배제할 수는 없다. 우리는 전략적 행위를 거쳐 행사되는 폭력을 개인이나 집단이 그들의 이해관계를 지각하지 못하도록 가로막는 힘이라고 이해한다. 이러한 의미에서 폭력은 권력 획득 수단이자 권력 소유자가 권력을 주장하는 수단이었다."[42] 전략적 행위를 통해 행

---

40) Jürgen Habermas, *Philosophisch-politische Profile*, S. 246.
41) 같은 책, S. 245 이하.
42) 같은 책, S. 242 이하. 동의라는 추상적 이념은 동의에서 벗어나는 것은 무엇

사되는 폭력은 공공연한 폭력이 아니다. 그것은 경우에 따라서는 스스로 정당한 권력의 외피를 입을 수 있는 폭력이다. 하버마스는 이것을 보이지 않게 "소통장벽"을 만들어내는 "구조적 폭력"이라고 부른다. "구조적 폭력은 폭력으로서 드러나지 않는다. 그것은 신념들을 형성하고 확산시킴으로써 정당화에 기여하는 소통을 암암리에 봉쇄한다. 〔……〕'구조적 폭력'은 주체들로 하여금 스스로의 위치를 착각하게 만드는 신념들이 생겨나도록 한다. 〔……〕체계적으로 제한된 소통 속에서 참여자들은 주관적으로는 강제가 없는 신념들을, 기만에 다름 아닌 신념들을 만들어낸다. 그러한 구조적 폭력이 소통적으로 산출해내는 권력은, 일단 제도화되면 참여자들 자체를 공격할 수도 있기 때문이다."[43]

순수하게 상호이해를 위한 행위 혹은 왜곡되지 않고 상처 주지 않는 소통이라는 전제는 모든 사회적 비대칭을 폭력으로 보이게 한다. 순수하게 소통적으로만 산출된 권력이라는 추상적 이념을, 전략적 행위 자체에 붙어 있는 것처럼 보이는

이든 다 폭력으로 보이게 만든다. 1970년대에 하버마스는 이렇게 썼다. "규범들이 일반화될 수 있는 이해관계를 표현하는 한 그것은 이성적·동의에 근거하고 있는 것이다. 〔……〕일반화될 수 있는 이해관계를 자극하지 못하는 규범들은 폭력에 근거하고 있는 것이다. 우리는 그것을 규범적 권력이라 부른다" (Jürgen Habermas, *Legitimationsprobleme im Spätkapitalismus*, Frankfurt a. M., 1973, S. 153).

43) Jürgen Habermas, *Philosophisch-politische Profile*, S. 246 이하.

폭력이라는 **그만큼이나 추상적인** 이념을 통해 확장한다 하더라
도, 그로부터 "현실적인 버전"이 생겨나지는 않는다. 이보다
는 소통이 **이미 늘** 전략적이라는 생각이 현실적이다. 그러한
생각에 의하면 전략적 행위는 '폭력'의 원천이 아니라 **권력의
구성적 계기**이다. 권력은 결코 순수하게 소통적이거나, 순수
하게 상호이해 지향적일 수 없다.

전략적인 소통 행위라는 가정을 도입하게 되면 비로소 권
력에 대한 "현실적인 버전"이 생겨나며, 이로부터 내적인 매
개 구조에 따라 다양한 특성을 갖는 융통성 있는 권력 개념을
얻을 수 있다. 비대칭적 관계는 폭력이 아니라 매개가 결핍된
권력 형태에서 나온다. 폭력이란 매개가 제로 상태까지 축소
된 특수한 권력관계를 지칭할 뿐이다. 이러한 매개의 결핍으
로 인해 폭력은 소통 참여자들에게서 **자유의 감정**을 앗아간다.
권력에 복종하는 자들이 권력자의 지배를 완전히 승인하는
권력관계는, 그 관계 자체가 강한 비대칭을 만들어낸다 하더
라도 폭력관계가 아닌 것이다.

폭력과는 달리 권력은 자유의 감정을 배제하지 않는다. 오
히려 권력은 자신의 안정화를 위해 의식적으로 자유의 감정
을 산출해낸다. 소통의 통로를 통해 비대칭적 관계를 정당화
하려는 이데올로기나 내러티브는 이미 권력의 차원에 자리
잡고 있는 것이다. 폭력은 절대 **내러티브적**이지 않기 때문이

다. 아주 사소한 것이라도 서사의 시도가 있다면 그것은 매개의 시도이며, 그로부터 권력이 시작된다.

  정치란 어느 한쪽에게 그 자체로 긍정적인 재화로 물질화된 권력을 얻으려는 투쟁 이상의 것이다. 이런 점에서 정치는 "권력 정치"를 넘어선다. 그렇다고 정치적인 것이 공동행위로 다 해소되는 것도 아니다. 강한 의미에서의 정치적 실천이란 공동행위를 능동적으로 형성하거나 거기에 영향을 미치는 것이다.[44] 하지만 이는 상호이해를 지향하는 소통만이 아니라 이해관계나 가치를 관철시키는 데에도 기여한다. 정치적 소통이 전략적 행위와 분리될 수 없는 한, 정치는 언제나 권력 정치이다. 단지 상호이해만을 지향하는 존재란 정치적 견지에서뿐 아니라 인간학적, 나아가 존재론적 견지에서도 추상에 불과하다. 정치적 행위를 구성하는 것은 동의가 아니라 **권력 균형**으로서의 **타협**이다. **타협한다는 것**Compromittere은 한 사태의 결정을 심판의 선언에 맡긴다는 것이다. 그래서 정치란 **권력과 결정**의 실천인 것이다.

44) 결정 공간을 열고 그를 통해 권력을 산출하려는 모든 정치적 시도는 하버마스에게는 의심쩍은 것이 될 것이다. "체계 이론적 관점에서 권력 산출은 정치 지도층이 국민의 의지에 강한 영향력을 행사함으로써 해소될 수 있는 문제로 등장한다. 심리적 강제, 감언이설과 조작이라는 수단을 통해 그것이 일어난다면, 이는 폭력의 증가이지 정치적 체계의 권력 증가가 아니다. 왜냐하면 권력은 〔……〕 강제 없는 소통의 구조 속에서만 생겨날 수 있지, '위에서부터 아래를 향해' 산출될 수는 없기 때문이다"(같은 책, S. 245).

제5장

권력의 윤리학

『대지의 노모스』에서 카를 슈미트는 법을 정립하는 대지의
힘에 대해, 법의 "육지적terranen" 근원에 대해 이야기한다.
"영토 점유"는 "법을 구성하는 근원적 형태"이다. 그것이 "공
간에 최초의 질서를 세우고, 그로부터 기인하는 모든 구체적
인 질서와 법의 근원을"[1] 세우는 것이다. 영토 점유를 통해
비로소 처음으로 법적 공간이 열리며 대지Erde는 하나의 **장소**
Ort가 된다. 이러한 점에서 슈미트는 질서를 "**장소화**場所化.
Ortung"[2]라고 말한다.

1) Carl Schmitt, *Der Nomos der Erde im Völkerrecht des Jus Publicum Euro-
    paeum*, Berlin, 1950, S. 19.
2) 틸리히도 권력이 공간에 의존하고 있다는 것을 다음과 같이 말한다. "권력은 한

『언어에의 도상』에서 하이데거도 장소화에 관해 이야기한다. "원래 '장소'라는 이름은 창의 끄트머리를 의미한다. 모든 것이 그곳으로 흘러간다. 장소는 가장 높고도 가장 먼 곳으로 자기 자신에게 모인다."[3] 장소는 질서를, 즉 **"노모스"**[4]를 자라나게 하고, 존재하는 모든 것을 그 안에 담고 묶으며 머물게 한다. 장소화는 어떠한 폭력도 없이 이루어진다. 그렇게 "모인 것"은 어떤 강제에도 복속되어 있지 않다. 하이데거가 말하는 장소는 매우 높은 매개성을 지닌다. 장소는 모인 것을 "투시해 꿰뚫어 비추고" "꿰뚫어 밝힘"으로써 거기서 자기 고유의 것이 자라나게 한다. 장소가 "가장 높고도 가장 먼 곳으로" "자기 자신에게 모이는" 이유는, 장소가 모인 것을 억압하는 대신 "비로소 자신의 본질 안에 풀어놓기" 때문이다.

홍미로운 것은 하이데거가 장소의 형태학에 대해 그 이상 사유하지 않는다는 것이다. 장소는 **창의 끄트머리**를 의미한다. 끄트머리란 장소가 하나의 **중심을 향해 있다**는 것을 암시한다. 장소는 모든 것을 자기에게 "끌어들인다." 장소는 **자기중심적**

공간을 점유할 수 있는 존재 능력이다. 그 때문에 모든 사회 집단이 공간을 둘러싸고 투쟁하는 것이다. 가장 중요한 것은 지리적 공간이다. 모든 권력 집단이 지리적 공간을 둘러싸고 싸움을 벌이는 이유도 바로 여기에 있다"(Paul Tillich, "Die Philosophie der Macht", S. 229).

3) Martin Heidegger, *Unterwegs zur Sprache*, Pfullingen, 1959, S. 37.
4) Martin Heidegger, *Wegmarken*, Frankfurt a. M., 1967, S. 191.

ipsozentrisch 구조를 갖는 것이다. 다른 한편 창의 끄트머리는 **우호적**이지 않다. 그곳에서는 폭력과 강제가 나올 수 있다. 하이데거는 이러한 억압과 지배의 가능성을 언급하지 않는다. 그는 끄트머리를 **최대의 매개** 가능성으로만 파악한다. 하지만 장소가 매개를 결핍하게 되면 창의 끄트머리는 강제와 억압으로 모습을 드러낸다.

하이데거는 권력과 장소화를 연관시키지 않는다.[5] 하지만 장소의 형태학은 장소화를 권력 발생에 고유한 것으로 해석할 가능성을 열어준다. 장소는 "**자기 자신**에게 결집"시키고 "**자기 자신**에게 모인다." 모든 힘이 끄트머리를 향해 모이며, 하나의 **연속체**를 이룬다. 장소의 근본 특성은 자기 자신으로 나아감이다. 모든 것을 자기에게 모으고 결집시키는 장소는 **자기중심적 연속체**를 이룬다. 자기 자신에게 향하고 연속체를 이룸으로써 장소화는 권력을 산출해낸다. 모든 것이 모여드

---

5) 하이데거는 권력의 "본질에 대해 형이상학적 질문을 던지는"(Martin Heidegger, *Die Geschichte des Seyns*, Peter Trawny 편, *Gesamtausgabe*, Bd. 69, 1998, S. 66) 것을 목표로 삼고는 있지만, 권력을 "공작工作"이라는 부정적 형태로만 받아들인다. 권력에 아무 긍정성도 부여하지 않는 것이다. 그래서 권력에 "권력을 필요로 하지 않는 것"(같은 책, S. 70)이 대립된다. 하이데거에 따르면 "인간 이성의 산물"이 될 수 없는 "노모스"는 "머무를 수 있는 것의 경험" "모든 행동 Verhalten의 중지Halt"(Martin Heidegger, *Wegmarken*, S. 191)를 보장해주지만 아무 권력도 필요로 하지 않는다. 이로 인해 하이데거는 모임, **로고스**, 권력 사이의 관련성을 이해하지 못한다.

는 "창의 끄트머리"는 **자기 자신**에게 향하고자 하는 장소의 **자기성**自己性, Selbstheit을 드러내 보인다. 데리다Jacques Derrida 역시 자기성의 표상과 권력의 표상이 하나로 수렴한다는 것을 알고 있다. "자기성이라는 개념 안에는 힘kratos, 권력과 지배가 이미 분석적으로 포함되어 있다."[6] 정치적 장소의 불가침성도 이 자기성에서 연유한다. 사적 소유, 집oikos 혹은 자본 역시 이러한 장소의 자기성을 전제로 한다. 그러한 점에서 모든 권력 형태는 **자기중심적**이다.

세계화는 권력과 영토의 관련성을 느슨하게 했다. "유사국가"[7]와 같은 초국가적 권력 구조는 특정 영토에 묶여 있지 않다. 그것은 **육지적**terran이지 않다. 권력을 형성하거나 확장하기 위해 고전적 의미에서의 "영토 점유"가 필수적이지도 않다. 하지만 그렇다고 해서 세계화가 장소화의 논리를 완전히 제거한 것은 아니다. 장소화란 모든 것을 자신에게로 모으고 결집시키는 자기중심적으로 조직된 **공간**을 만들어내는 것이다. 초국가적 권력 구조는 "영토적이고 일국적으로 조직된 권력 작용의 구속"에서 벗어나 있기는 하지만 그렇다고 **비장소적인 것**은 아니다. 그들이 점유하고 있는 새로운 공간들이

---

6) Jacques Derrida, *Schurken. Zwei Essays über die Vernunft*, Frankfurt a. M., 2003, S. 36.
7) Ulrich Beck, *Macht und Gegenmacht im globalen Zeitalter*, S. 104.

단지 일국적 영토와 결부되어 있지 않을 뿐이다. 권력은 장소
가 없는 **아무 곳도 아닌 곳**에서는 생겨날 수 없다. 세계화의
과정에서 무엇보다 탈영토화의 움직임이 눈에 띄는 것은 사
실이지만 세계화는 다양한 **재장소화**의 형태들 또한 만들어내
고 있다. 바로 여기에 세계화의 변증법이 있는 것이다.

영토적 공간에서건 "디지털 **공간**"[8]에서건 권력의 발생은 **장
소화를 통해 이루어진다**. 세계화 시대에 공간은 무엇보다 디지
털적이기 때문에 장소화 역시 디지털 방식으로 일어난다. 권
력의 형성과 확장을 위해서는 **디지털적 영토 점유, 디지털적 공
간 획득**이 필수적일 것이다. 권력의 논리라는 점에서 보자면
육지적 장소화와 디지털적 장소화 사이에는 본질적 차이가
없다.[9] 디지털 공간을 점령하거나 지배하는 자는 권력을 갖

8) 같은 책, S. 96 참조. "그러한 종류의 메타 권력을 발전시킨 것이 특히 경제다.
   경제는 영토적이고 일국적으로 조직된 권력 작용의 족쇄에서 벗어나 영토적으로
   구성된 국가들에 대해 디지털 공간에서의 새로운 권력 전략들을 점유했다."
9) 세계화된 시장 그 자체가 권력 구조는 아니다. 그것은 또한 분산된 권력 구조도
   아니다. 세계 시장은 많은 수의 경제적 또는 정치적 권력 구조로 분산되어 있어
   서 포괄적인 권력 구조 형성을 불가능하게 한다. 완전히 분산된 권력은 권력이
   아니다. 총체적 분산은 권력 형성에 필수적인 모든 자기중심적 의도성을 사라지
   게 한다. 그런데 울리히 벡은 세계화된 세계 경제가 "분산된 권력"이 될 것이라
   는 가설을 내세운다. 벡에 따르면 그것이 "분산적인diffus" 이유는 "중심이 없
   고, 책임 소재가 없으며, 분명한 책임 구조가 없는 익명적 권력"이기 때문이다
   (같은 책, S. 103). 초국가적 기업은 하나의 권력 구조를 형성한다. 그 기업이
   탈중심화된 조직을 가지고 있다고 해서 그것이 구조적 분산을 의미하는 것은 아
   니다. 오히려 그것은 전략적 분산이다. 탈중심화된 조직은 중심화된 조직보다
   더 많은 권력을 만들어낼 수도 있다.

는다. 시장 역시 **경제적 영토 점유**를 통해 점거할 수 있는 공간이다. 공간을 둘러싸고 싸움을 벌이듯, 시장 지분을 둘러싸고 싸움이 벌어진다. 세계화된 시장은 더 이상 육지에 구속되지는 않지만 그렇다고 **장소화**를 불필요한 것으로 만들지도 않는다. 여기에서도 자신의 위치를 설정하고, 자신의 장소를 확정sich zu verorten해야 한다. "합병"이나 "인수"는 본질적으로 **영토 점유**와 구별되지 않는다. 권력을 확장시킨다는 점에서는 영토 점유와 똑같다.

권력이 갖는 이러한 결집적 구조로 인해 **권력의 윤리**라는 질문이 제기된다. 권력은 중앙 집중적이다. 권력은 모든 것을 자기에게로, 하나로 모이게 한다. 이러한 일자一者로의 결집이 절대화되면 그 주위에 있거나 다수성은 **지양해야 할 것으로** 여겨진다. 일자를 벗어나거나 거기에 대립하는 공간들은 폐기 장소Ab-Ort로 **탈장소화**되고 평가절하된다. 그렇기에 이런 폐기 장소들을 어딘가에 다시 **자리매김하는**verorten 힘, 곧 **친절함**이 권력 **자체에** 내재하는가 하는 질문이 제기된다.[10] 분명

---

10) 총체적인 장소는 그 자체로 드러나서도 안 되고, 그 장소의 부분으로 인정받을 수도 없는 폐기 장소를 만들어낸다. "수용소"는 폐기 장소이다. 아감벤은 "수용소"를 "정치의 감추어진 모체로, 우리가 오늘날에 이르러서도 아직 살고 있는 곳"으로 정의하는데(Giorgio Agamben, *Homo sacer*, S. 185), 그를 통해 그는 폐기 장소를 장소의 근본 토대라고 설명하는 오류를 저지르고 있다. 장소가 폐기 장소를 만들어낼 수는 있지만, 그 폐기 장소로부터 연유하는 것은 아니다. 높은 매개 수준을 갖는 장소는 탈장소적으로 작용하지 않는다. 도래할

권력에는 매개 능력이 있으며 그렇기에 근본적으로 자유를 배제하지는 않는다. 하지만 **권력적인** 매개에는 한계가 있다.

권력은 **자기중심적**이다. 권력에는 그 자체로 이미 자기성이 내재한다. 정치적이거나 경제적인 장소는 모두 자기로 향하고 자기를 주장한다. 자기를 향한 의지는 권력 개념 속에 이미 내재되어 있다. 이러한 자기중심적 추구 없이는 어떤 권력 구조도 생겨나지 않는다. "창의 끄트머리"는 모든 권력 구조에 내재하는 이러한 자기성을 상징한다.

자기의 절대적 면역성, 절대적 통치성에 바로 권력의 절대성이 있다. 그래서 데리다는 권력의 **윤리**를 자기성을 약화시키는 "자기 면역성Autoimmunität"[11])과 관련시킨다. 그에 의하면, 자기 면역성은 "주권적 권력의 자기성과 계산 가능한 지식에 의해 재전유될 수 없는"[12]) 모든 "타자성"을 개방시킨다. 하지만 데리다의 "자기 면역성"에는 문제가 없지 않다. 자기 면역성이 절대적인 자기 파괴로 이어지면 절대적 혼란이 될 것이기 때문이다. 그렇게 되면 아노미, 아나키, 장소 혹은 집의 완전한 해체가 일어나게 될 것이다. **집이 없다면** 환대Gast-

---

인간으로서의 호모 리베르가, 법이 중지된 폐기 장소의 거주인인 호모 사케르를 반드시 전제하는 것은 아니다. 물론 폐기 장소의 가능성은 장소의 윤리화라는 질문, 다시 말해 권력의 윤리화라는 질문을 다시 제기한다.

11) Jacques Derrida, *Schurken*, S. 206.
12) 같은 책, S. 198.

freundschaft도 없다. 권력의 윤리화는 장소가 자신의 자기중심적 추구를 넘어서 나아가기를, 장소가 **일자**뿐 아닌 **다수와 그 주위에 있는 자들**에게도 체류 공간을 보장할 것을 요구한다. 근본적인 친절함에 자극받아서 그 공간이 자신을 향한 의지를 멈추고 울려 퍼지기를 요구한다. 이러한 친절함에서 권력과는 다른 움직임이 생겨난다. 권력 그 자체에는 타자성에 대한 개방이 없다. 권력은 **자기를 반복**하려고 하는 경향이 있다. 장소가 *끄트머리*[13]를 향해 나아가듯, 자본에도 자신을 반복하고 확장하려는 충동이 내재한다.

　푸코도 권력의 윤리학을 위한 계기를 밝힌 바 있다. 1980년대에 푸코는 자유 이념에 지배되는 권력 개념을 주장했다. "당신은 도처에 권력이 있다고 말합니다. 그렇다면 자유는 어디에도 없다는 뜻인가요"라는 질문을 받고 푸코는 불쾌한 투로 이렇게 대답했다. "모든 사회적 장에 권력관계가 존재한다면 그것은 도처에 자유가 있기 때문입니다."[14] 푸코는 권

---

13) 자본 Kapital은 곧 Kap, 선장 Kapitän, 수도 Kapitol라는 단어처럼 라틴어 'caput'에서 기인하며, 그것은 "끝" 또는 "우두머리"를 의미한다.

14) Michel Foucault, *Freiheit und Selbstsorge*, S. 20. 푸코의 권력 분석이 투쟁 모델에 의해 지배되고 있다는 사실은 확실하다. "지난 몇 년 동안 내가 행했던 모든 것이 투쟁-억압의 모델에서 출발했고, 지금까지도 내가 이 모델을 적용하려 한다는 것은 분명한 사실이다. 그러다가 나는 다르게 생각하게 되었는데, 무엇보다 그 이유는 매우 많은 일련의 문제들이 불충분하게 해명되었을 뿐 아니라, 억압과 전쟁이라는 두 개념이 완전히 포기될 수는 없다 하더라도 최소한

력관계를 자유와 더 밀접히 연결시킴으로써 지배나 강제관계에서 떼어놓으려 한다. 이러한 생각에 따르면, 애초에 존재하던 타자의 자유를 억압함으로써 비로소 권력관계가 생겨난다는 의미에서 자유를 전제한 것은 잘못된 접근이 된다. 오히려 자유는 권력관계를 비로소 가능하게 하는 권력의 중요한 요소이다. 권력은 "자유로운 주체들"에게만 행사된다. 주체들이 자유로워야만 권력관계가 존속한다. "온통 결정되어 있는 것으로만 채워진 곳에서는 권력관계가 존재하지 않는다. 인간이 철로 된 족쇄에 묶여 있는 한 노예제는 권력관계가 아니다(그것은 물리적 강제관계이다). 인간이 움직일 수 있고 극한의 경우에는 달아날 수 있을 때에만 권력관계가 존재한다. 따라서 권력과 자유는 (권력이 행사되는 곳에서 자유가 사라진다는 식으로) 서로를 배제하지 않는다. 오히려 그 둘은 훨씬 더 복잡한 놀이Spiel 관계를 갖는다. 그 속에서 자유는

매우 많이 변형될 수밖에 없다고 생각하기 때문이다. 어쨌든 우리는 이를 더 명확하게 생각해보아야 한다. [……] 필연적으로 억압의 개념을 지금보다 더 진지하게 반성해야 한다. 오늘날 권력 메커니즘과 권력의 효과를 묘사하는 데 통상적으로 사용되는 그 개념이 분석을 위해서는 전적으로 불충분하다는 인상을 받기 때문이다"(Michel Foucault, *Dispositive der Macht*, S. 74). 투쟁-억압 모델에 대한 회의에도 불구하고, 1970년대의 푸코는 자유를 권력의 본질적 특성으로 고양하려는 시도를 하지 않았다. 그는 『감시와 처벌』에서 이야기했던 권력의 생산성을 다시 "모두에 대한 모두의 지난한 투쟁" 속에서 몰락하게 한다. 『감시와 처벌』의 마지막 문장은 자유에 대한 예감이 아니라, 영원히 "싸움터에서 울리는 천둥"으로 흘러들어 간다.

권력이 존재할 수 있게 하는 조건이다."[15]

여기서 푸코의 논의는 그렇게 엄밀하지 않다. 노예가 철로 된 족쇄에 묶여 있다 하더라도 노예제는 권력관계이다. 그 노예에게는 "아니요"라고 말할 가능성이 있기 때문이다. 다시 말해 노예는 죽음을 무릅쓰고 주인에게 복종하기를 거부할 수 있다. 그러한 점에서 철로 된 족쇄에 묶여 있는 노예는 자유롭다. 그는 여전히 죽음과 복종 사이에서 **선택**하고 있는 것이다. 노예제를 권력관계로 만드는 것은 움직이거나 도주할 수 있다는 가능성이 아니라 노예의 긍정, "네"이다. 그에 반해 주인은 노예가 복종하기를 거부하는 순간 권력을 잃는다. 그때 노예가 철로 된 족쇄에 묶여 있는지 아니면 도망갈 가능성을 가지고 있는지는 중요하지 않다. "네" 또는 "아니요"라고 말할 수 있는 가능성, 이 최소한의 자유가 권력관계의 전제이다. 그렇다고 해서 권력이 곧 "놀이"라고 하는 가정이 정당화되는 것은 아니다.

"네"도 "아니요"도, 따라서 어떠한 **선택**도 허용하지 않는 순수한 폭력, 타자를 절대적으로 수동적인 사물로 만드는 절대적으로 순수한 폭력[16]과 반대로 권력관계는 분명 그 자체로

---

15) Michel Foucault, "Das Subjekt und die Macht", Hubert L. Dreyfus & Paul Rabinow 편, *Michel Foucault. Jenseits von Strukturalismus und Hermeneutik*, Weinheim, 1994, S. 241~61, 특히 S. 255 이하.

저항의 가능성을 가지고 있다. "아니요"는 저항의 한 형태다. **자유로운** 결정에 따라 권력자에게 절대적으로 복종하는 자도 **원리적으로는** 저항의 가능성을 갖는다. 하지만 권력자에게 아무 저항도 닥쳐오지 않는 곳에서 권력은 가장 강고하다. 무한한 폭력이 지배하는 곳에서만 저항이 일어나지 않는 것이 아니라, 무한한 권력이 있는 곳에서도 그러하다. 푸코는 이를 인식하지 못한 것이 분명하다. 그는 투쟁이라는 패러다임을 따르고 있다. 그것은 경쟁을 통한 투쟁Wettkampfes의 형태를 띤다. "권력관계의 핵심과 그것의 지속적인 존재 조건에 반항하고 순종하지 않을 자유가 있는 한, 저항이나 탈주, 도주 등 경우에 따라 되돌릴 수 없는 권력관계란 존재하지 않는다."[17]

푸코의 새로운 개념에 의하면, 권력에 내재하는 놀이의 계기가 봉쇄되는 이유는 지배가 개방성을, "운동을 되돌릴 수

---

16) "폭력관계는 하나의 육체에, 사물에 작용한다. 그것은 강요하고, 구부리고, 부러뜨리고, 파괴한다. 그것은 모든 가능성을 배제한다. 폭력관계에는 수동성 외에 어떤 다른 대칭점도 없다. 폭력관계가 저항에 부닥친다면 그 저항을 진압하는 것 말고 다른 선택의 여지가 없다. 그에 반해 권력관계는 두 요소(주체와 타자) 위에서 세워지며, 그것 없이는 권력관계가 이루어지지 않는다. (권력관계가 작용하는) "타자"는 행동하는 주체로 인정받고 계속 남아 있으며, 권력관계 앞에는 가능한 대답, 반응, 작용, 새로운 고안이라는 장 전체가 열린다" (Michel Foucault, "Das Subjekt und die Macht", S. 254 참조).

17) 같은 책, S. 259.

있는 가능성"을 허용하지 않기 때문이다. 그런데 이러한 지배 개념에는 문제가 있다. 지배는 권력관계와 절대적으로 대립하지 않기 때문이다. 지배관계란 권력관계가 안정성을 원하고 있는 상태이다. 나아가 **놀이의 개방성**이 권력의 본질적 특성은 아니다. **오히려 권력은 개방성을 축소하려는 경향을 띤다.** 개방성과 불안정성에 대한 **불안**이 권력에 대한 욕구를 증가시킨다. 자신을 확고하게 안정시키려 하는 권력은 열린 놀이 공간이나 예측 불가능한 공간을 제거한다. 권력 공간은 전략적인 공간이다. 전략적 개방성은 놀이에 내재하는 쾌락적 개방성 또는 불확실성과 다르다.

권력을 "개방적" 놀이라고 정의하고, "자유의 실천"을 강하게 요구하는 푸코의 권력 개념은 **이미 권력에 대한 비판을 함축하고 있다.** 푸코 자신이 이야기하는 "개방적인 전략적 놀이"로서의 권력은 "사람들이 통상적으로 권력이라고 부르는 것"[18]과 다르다. 푸코의 새로운 권력 개념은 **자유의 에토스**에 상응한다. 말하자면 "스스로에게 법질서, 지도指導 기술, 도덕을 부여하고, 최소한의 지배를 통해 권력 놀이의 내부에서 유희할 수 있게 하는 에토스, 자기의 실천"[19]인 것이다. 이러한

---

18) Michel Foucault, *Freiheit und Selbstsorge*, S. 26.
19) 같은 책, S. 25.

자유의 에토스가 권력이 지배로 고착되지 않도록, 권력이 개방된 놀이로 머무를 수 있도록 감시한다는 것이다.

권력관계가 최소한의 자유를 전제한다는 것은 권력의 논리상 논란의 여지가 없다. 아무 저항도 할 수 없는 수동적 사물에 대해서는 권력관계가 생기지 않기 때문이다. 하지만 푸코는 "자유"라는 개념을 강하게 사용한다. 그가 권력의 생성과 연결시키고 있는 자유는, 앞에서 말한 권력 논리의 최소 조건을 넘어선다. 푸코는 권력의 생성을 "강제적인 도덕"에서의 "해방"을 전제로 하는 "자유의 실천"과 연결시킨다.[20] 푸코의 논증이 지닌 허약함은 **권력관계의 구조적 전제인 자유에서 자유의 윤리**Ethik der Freiheit**로 슬쩍 넘어가려 할 때** 드러난다. 푸코는 권력관계의 구조적 요소인 자유를 아무 말 없이 윤리적 성질을 갖는 것으로 바꾸어놓는다. 하지만 권력에는 이러한 윤리적 성질이 내재하지 않는다. 푸코가 이야기하는 권력과 지배의 차이는 권력 논리로부터 권력 윤리로의 이렇게 허약한 이행에 근거하고 있다.

"자유의 실천"[21]에서 연유하는 푸코의 권력 개념은 매우 모호하다. 푸코가 권력과 자유를 함께 사유하려 한다는 것은 분

20) 같은 책, S. 11.
21) 같은 곳.

명하다. 하지만 "자유로운 권력"이라는 개념을 통해 매개와 화해를 지향하고 있는 헤겔과는 반대로, 푸코는 권력의 생성을 철저히 투쟁의 생성으로 파악한다. 그는 권력의 생성을 **지배의 날카로운 창끝**이 결여된, 열린 경쟁투쟁으로 바꾸어놓는다. 그를 통해 그는 유희적으로 부유하는 권력 개념을 고수하는 것이다. 하지만 이러한 권력 개념은 매우 인위적이며, 실제 권력 생성과도 거리가 멀다.

1980년대 푸코의 사유를 지배했던 것은 자유 이념이었다. 그의 새로운 권력 개념 역시 자유 이념의 영향을 받았다. 그러한 맥락에서 푸코에게 윤리는 "자유의 실천"이다. 자유는 "윤리의 존재론적 조건"[22]이다. 그와 관련해 푸코는 자기배려라는 고대의 실천praxis에 주목한다. 자기배려의 실천은 "우리가 의존하고 있고, 지배하지 못하며, 주인이지 못한 것으로부터 해방"되고, "완결되고 완전한 자기 연관성을 확립"[23]하는 것, 다시 말해 자신을 소유하는 것이다. 자유를 위한 이러한 자기배려는 권력을 올바르게 사용하려는 배려를 함축한다. 이러한 윤리에 따르면 권력의 남용은 "자기 쾌락의 노예"가 됨으로써 발생한다. 그것은 자유의 상실을, "자신에 의한

22) 같은 책, S. 12.
23) 같은 책, S. 48.

자신의 노예화"를 초래한다. "자기 자신에 대한 개인의 태도,
자신의 욕망에 맞서 자신의 자유를 유지하는 방식, 자기 자신
에게 행사하는 주권, 이것이 행복과 폴리스의 훌륭한 질서를
이루는 핵심 요소들이다."[24] 이렇게 그리스-로마의 사유로부
터 출발한 푸코는 자기배려의 실천을 권력을 제대로 다룰 수
있는 능력과 연결시킨다. "다른 사람들을 지배하고 그들에게
독재적 권력을 행사할 위험"은, 푸코에 따르면 "자기 자신을
배려하지 못하고 자기 욕구의 노예가 되었기에"[25] 생겨난 것
이다. 그렇기에 "[타인들에 대한] 독재적 권위와 [자신의 욕
구에 의해] 독재화된 영혼 사이의 쳇바퀴에서 벗어나야" 한
다. "자기 자신에 대한 완전한 권위"는 정치적 권력 행사의
"내적 규제 원리"이다. 이런 맥락에서 푸코는 "자기 자신에
대한 왕이야말로 왕 중의 왕이다"[26]라는 플라톤의 구절을 인
용한다.

그런데 이처럼 독재적인 권력 행사와 그 권력의 욕구에 의
해 지배된 영혼 사이의 연관을 가정하는 것은 문제가 있다.
자기 자신에 대한 완전한 지배 또는 "자기에 대한 권위"가 폭

---

24) Michel Foucault, *Der Gebrauch der Lüste. Sexualität und Wahrheit 2*,
Frankfurt a. M., 1989, S. 105.
25) Michel Foucault, *Freiheit und Selbstsorge*, S. 16.
26) Michel Foucault, *Der Gebrauch der Lüste*, S. 107.

력에 의한 지배를 완전히 배제하지 않기 때문이다. 나아가 자기에 대한 배려는 타인에 대한 배려와 완벽하게 분리될 수 있다. 자기배려와 타인에 대한 배려 사이의 궁극적 연관은 타인을 위하는 것이 결국에는 자신을 위하는 것이라는 계산을 통해서만 가능하다. 이러한 교환경제적 순환 말고는 자기의 윤리가 자신의 지평 안에 타자를 포괄할 수 있는 방법이 없다. 나아가 권력과 폭력은 구분되어야 한다. "독재적 권력"이란 실제로는 폭력에 다름 아니다. 폭력에는 **매개** 능력이 없다. 그에 반해 권력은 타인의 영혼에 깃들고, 자신이 황폐해지지 않기 위해 타인들을 포괄해야만 한다. 권력에는 **매개**에 대한 배려가 내재한다. 권력은 결코 맹목적이지 않다. 그에 반해 매개를 모르는 독재는 권력의 토대를 흔들리게 한다.

푸코에게서 자기배려는 윤리적 원리로까지 고양되며 타인에 대한 배려보다 우선하는 것으로 여겨진다. "타인에 대한 배려를 자기배려보다 먼저 놓아서는 안 된다. 윤리적으로 볼 때 자기배려는, 존재론적으로 자기 연관이 우선시되어야 비로소 생겨난다."[27] 그렇다면 결국 윤리와 존재론 사이의 연속성을 출발점으로 삼아야 한다는 것인가? 자기 연관의 존재론적 우선성이 윤리적으로 **문제시된다는** 데에 오히려 윤리와 존

---

27) Michel Foucault, *Freiheit und Selbstsorge*, S. 15.

재론 사이의 차이가 있는 게 아닐까? 윤리적인 것에는 자기 연관을 첫번째 자리에 두는 존재론을 문제시하려는 시도가 내재하고 있지는 않는가?

푸코의 권력의 윤리는 자기배려의 윤리에서 나온다. 자기를 향해 있는 자기배려의 윤리는 권력의 지향성, 다시 말해 자기 자신으로의 회귀를 넘어서는[28] 공간을 열어주지 못한다. 권력은 그 자체가 이미 자기 혹은 주관성의 현상이지 않은가. 푸코의 권력의 윤리는 **자기 자신**으로의 회귀에 대항적 힘을 산출하는 **권력의 타자**에 열려 있지 않다. 그것은 자기배려의 계산 내부에서는 등장하지 않는 것을 보게 하는 친절함을 창출해낼 수 없다.

흥미롭게도 푸코는 자기 소유라는 패러다임을 고수한다. 분명 푸코는 "끊임없이 자기의 윤리와 자기의 미학을 재생하려는"[29] 유럽 문화에 빚지고 있다고 느꼈을 것이다. 푸코가 이 전통에 포함시키는 인물은 몽테뉴, 보들레르, 쇼펜하우어, 니체이다. 니체의 권력의 철학은 분명 자기 윤리와 자기 미학의 특징을 지닌다. 하지만 그것은 동시에 권력이 자신을 넘어

---

28) 푸코가 권력이란 타인의 태도를 결정하려는 시도라고 정의하는 한, 권력은 타인에게서 자기 자신이고자 하는 것 또는 타인 안에서 자신으로 회귀하려는 것을 의미한다. 그렇다면 푸코 역시 권력의 자기중심적 성격을 인정하는 것이다.
29) 같은 책, S. 54.

서까지 나아가게 하는 동력 또는 변증법을 발전시킨다.

니체는 자기 자신에 대해 솔직해지라고 요구한다. 그에 따르면 삶은 "기본적으로 타자와 약자를 전유하고, 상처 입히고, 위압하고, 억누르고, 그들에게 자기 형태를 강요해 자기 것으로 만드는 것이며, 가장 부드럽게 말하더라도 착취"[30]이다. 착취는 "타락하거나 불완전한 원시 사회"에 있지 않다. "유기체의 근본 기능"인 착취는 "생명의 본질"에 속한다. 그것은 "삶의 의지 그 자체인 권력 의지의 결과"이다. 모든 살아 있는 육체는 "성장하고, 주변을 장악하고, 자라나며, 몸무게를 늘리려 한다." 그것은 "어떤 도덕이나 비도덕에서 나오는 것이 아니다. 그것은 그 육체가 살아 있기 때문에, 살아 있다는 것이 바로 권력 의지이기 때문에" 그런 것이다.

여기서 권력을 행사한다는 것은 타인에게 자신을 강요하고, 타인보다 더 커지며, 타인을 뒤덮어버리는 것이다. 다시 말해, 자신을 타인에게 **연속**시키거나 타인을 관통해 자기의 연속성을 확장하는 것이다. 자기 의욕Sich-Wollen은 권력의 고유한 특성이다. 권력 자체만으로는 자기 의욕의 지향성에 반하는 것은 아무것도 산출할 수 없으며, 자신으로의 회귀가 아닌 타자로의 전환, 자기배려를 넘어서는 타자에 대한 배려

---

30) Friedrich Nietzsche, *Jenseits von Gut und Böse*, KSA 5, S. 207 이하.

는 결코 산출해낼 수 없을 것이다. 권력은 이처럼 지속적인 자기 연관과 자기 향유, 끊임없는 자신으로의 회귀에 묶여 있다. "권력 감정은 처음에는 점령하고 다음에는 지배한다(조직한다). 그것은 자기 유지를 위해 극복된 것을 규제하며 그를 통해 극복된 것 자체를 얻는다."[31]

니체는 권력을 인간의 행동에서만 찾지 않는다. 권력은 생명 일반의 원리이다. 단세포조차 권력을 추구한다. "가장 단순한 사례인 원시적인 영양 섭취의 예를 들어보자. 세포 원형질Protoplasma이 자신에게 저항하는 것을 찾기 위해 돌기를 뻗는다. 이는 배가 고파서가 아니라 권력 의지에 따른 것이다."[32] 진리 또한 권력의 발생으로 해석된다. 진리는 권력자가 타자를 자신에게 흡수하고 타자에게서 자신을 연속시키는 하나의 광학光學이다. 진리는 지배의 매개체다. 아름다움 역시 권력의 경제학을 좇는다. "무자비한 형태의 발전. 가장 아름다운 형태는 가장 강한 형태이다. 그것은 승리를 거듭해왔던 형태로서, 자신의 유형에 기뻐하면서 확실하게 자기를 번식시킨다."[33] 권력은 한 유형의 지속을 보장하며, 그를 통해

31) Friedrich Nietzsche, *Nachgelassene Fragmente 1880~1882*, KSA 9, S. 550.
32) Friedrich Nietzsche, *Nachgelassene Fragmente 1887~1889*, KSA 13, S. 360.

연속성을 창출해낸다. 철학자 또한 자신만의 광학을 연장함으로써 자신을 연속시키려고 한다. "철학도 일종의 고상한 성적 충동이자 산출 충동"[34]이라는 플라톤의 믿음을 니체는 이렇게 해석한다.

"점령" "착취" 또는 "상처 입히기"는 "생명의 본질"에 속한다. 이들은 삶에 생기를 불어넣는 권력에 대한 의지를 반영한다. 모든 살아 있는 것은 성장하고, 주변을 장악하며, 스스로를 확장하려 한다. 보편적이고 전능한 이러한 권력 의지 앞에, 그렇다면 "강한 영혼의 여유로움"이 지닌 특징인 "지나치게 살아 있는 것Allzu-Lebendigen에 대한 거부감"[35]은 어디서 나오는가 하는 어려운 질문이 제기된다. 니체가 권력을 착취나 억압 같은 부정적 형식으로만 이해하지 않는다는 것은 분명한 사실이다. 니체는 권력에 다른 성질들을 혼합하는데, 그것이 권력의 성격을 급진적으로 변화시킨다. 그러한 점에서 니체는 "정의"를 "넓게 둘러보는umherschauende 권력의 기능"[36]이라고 말한다. 착취하거나 억압하는 권력 또한 넓게 둘러볼 수는 있다. 하지만 권력이 자기중심적인 한, 이 넓게

33) Friedrich Nietzsche, *Nachgelassene Fragmente 1884~1885*, KSA 11, S. 700.

34) 같은 곳.

35) Friedrich Nietzsche, *Nachgelassene Fragmente 1885~1887*, KSA 12, S. 290.

둘러보는 시선은 결국 자기에게로만 향한다. 여기서 저 먼 곳은 자신의 영역을 확장하려고 할 때만 시선에 들어온다. 권력이 먼 곳을, 또 먼 곳에 살고 있는 것들을 넘겨볼 수 있는 것은 **권력이 권력이 아니며 자기중심적이지 않은 어떤 것과 접촉했을 때뿐이다.** 따라서 "높고도 명확하고, 깊고도 온화하게 바라보는 객관성"[37]을 갖는 정의는 순수한 권력 작용이 아니다. 사소한 것과 탈주자에게까지 향하는 정의의 "사려 깊은 눈"[38]은 권력의 눈이 아니다. 권력은 온화하게 바라보는 친절함의 "살가운 감정"[39]을 알지 못한다. 권력이 더 넓고 길며 우호적인 시선을 갖게 해주는 것은, 권력에 속할 수 없는 권력 **외재적** 성질이다.

좀더 자세히 말하면, 정의는 모든 것을 수렴시키는 권력 구조에 대립적인 운동을 산출해낸다. 권력에는 **하나를 향한 특성**이 내재한다. 그렇기에 권력으로부터는 다수적인 것, 다종적인 것, 다양한 것, 부차적인 것 혹은 빗나가 있는 것에 대한 호의가 나오지 않는다. 그에 반해 정의는 "모두에게, 살아 있

36) Friedrich Nietzsche, *Nachgelassene Fragmente 1884~1885*, KSA 11, S. 188.

37) Friedrich Nietzsche, *Zur Genealogie der Moral*, KSA 5, S. 310.

38) Friedrich Nietzsche, *Menschliches, Allzumenschliches I und II*, KSA 2, S. 361.

39) Friedrich Nietzsche, *Nachgelassene Fragmente 1880~1882*, KSA 9, S. 211.

건 죽어 있건, 현실적인 것이건 생각의 소산이건, 자신의 몫을 주려고"[40] 한다. 그러하기에 정의는 자기중심적이지도 **중앙적이지도** 않다. 니체는 한발 더 나아가 정의를 "확신의 반대자"라고 칭한다. 정의로운 자는 자기 자신보다 사물에 더 귀를 기울인다. 확신에 거리를 두는 것은 동시에 자기 자신에게도 거리를 두는 것이다. 그것은 늘 자신에 대한 확신을 내포하기 마련인 지금의 확신을 넘어 사물들에 더 귀를 기울이고, 그것을 더 보려 한다. 정의로운 자는 늘 너무 빨리 오는 자신의 판단을 보류한다. 그런 판단은 그 자체로 이미 타자에 대한 배신일 것이기 때문이다. "보기 드문 금욕. 타자를 판단하지 않고 그에 대해 생각하기를 주저하는 것. 이는 결코 소소하지 않은 휴머니티의 표지다."[41] 자신에 대한 확신과 타자에 대한 자신의 견해를 유동적으로 열어두고, 듣고 귀를 기울이며, 자신의 판단, 곧 자기 자신에 대해서 자제하는 자는 정의를 행하는 자이다. 왜냐하면 자기 자신은 늘 타자를 위하는 것보다 **먼저 오기** 때문이다. 하지만 권력 자체로부터는 개별적인 자제가 나올 수 없다. 권력에는 망설임이 없기 때문이다. 그 자체로서 권력은 타자를 판단하고, 그에 대해 생각하

---

40) Friedrich Nietzsche, *Menschliches, Allzumenschliches I und II*, KSA 2, S. 361.
41) Friedrich Nietzsche, *Morgenröte*, KSA 3, S. 303.

는 것을 결코 주저하지 않는다. 오히려 권력은 판단과 확신으로 이루어져 있다.

오직 '넓게 돌아보는 권력', 다시 말해 "사려 깊은 눈"을 가진 권력만이 폐기 장소를 만들어내지 않으면서 **장소화**할 수 있다. 그 권력은 "모든 것"에 "그들의 몫"을 주는 정의로운 장소를 정초할 수 있다. 하지만 니체는 이러한 종류의 정의正義에는 만족하지 않는다. 그가 염두에 두고 있는 것은 아무 구별 없이 모든 것을 환영하는 경계 없는 친절함이다. "[……] 생성하고, 방황하고, 구하고, 도망하는 모든 것은 내게로 오라! 환대는 나의 유일한 친절함이다."[42] 이러한 유일무이한 환대는 "모든 것"에 **그들의 몫 이상**을 준다. 바로 이 점에서 환대의 장소와 정의로운 장소가 구분된다. 하이데거에게는 장소가 "모인 것들을 투시해 비추고 꿰뚫어 밝힘으로써 비로소 자신의 본질 안에 풀어놓는" 한, 정의로운 장소이다. 하지만 그 장소는 "모인 것" 밖에 있는 것까지 긍정하는 저 경계 없는 환대를 발전시키지 못한다.

『아침놀』에서 니체는 기독교의 이웃사랑에 귀족적인 친절함을 대립시킨다. "다른 종류의 이웃사랑. 흥분 잘하고 소란

---

42) Friedrich Nietzsche, *Nachgelassene Fragmente 1882~1884*, KSA 10, S. 88.

스러우며 변덕스럽고 신경질적인 사람은 커다란 정열을 지닌 사람과 정반대의 사람이다. 이러한 정열은 조용하고, 어두운 화염처럼 내면에 머무르며, 그곳에서 뜨겁고 열을 내는 모든 것을 모으면서, 그러한 정열의 소유자를 외관상으로는 냉정하고 무관심한 사람으로 보이게 하며, 그의 얼굴에 **무감동한 표정**을 새겨넣는다. 이런 사람들 역시, 아마 경우에 따라서는 이웃사랑이 가능하리라. 그러나 그것은 사교적이고 인기에 영합하는 사람들의 이웃사랑과는 다른 종류의 것이다. 그것은 **부드럽고 관조적이며 평정한 친절함이다**. 말하자면, 그들은 그들의 요새이고, 바로 이 때문에 그들의 감옥이기도 한 그들 성城의 창가에서 밖을 내다본다. 낯선 것, 광활한 것, 다른 것을 바라보는 것은 그들에게 진실로 유쾌한 일이다."[43] 니체는 이러한 귀족적 친절함[44] — 거기서 자아는 아직 자기 자신의 포로로 머물러 있다 — 을 "무감동함"과, 자아의 성城도 모르는 무조건적 환대와 구별한다. 이것이 그가 이야기하는 "위

---

43) Friedrich Nietzsche, *Morgenröte*, KSA 3, S. 282. 강조는 저자.
44) 그러나 이러한 귀족적인 친절함이 모든 것을 무차별적으로 환영하지는 않는다. "인간들에게 만족하고 가슴으로 집을 열어놓는 것, 이것은 자유주의적이기는 하지만 고귀하지는 않다. 우리는 많은 수의 굳게 닫힌 창문과 가게들에서도 고귀한 환대의 능력이 있는 마음을 알아본다. 그들은 가장 좋은 공간을 최소한의 사람들Mindesten을 위해 비워두고 손님을 기다리고 있지만, 그들에게 만족하지는 않는다"(Friedrich Nietzsche, *Nachgelassene Fragmente 1887~1889*, KSA 13, S. 9).

험스러운 태만함"이다. 그것은 "친구들을 얻으려 애쓰는 대신, 단지 환대밖에 모르며 환대만을 행하고 또 행할 줄 아는, 넘쳐흐르는 영혼의 태만함이다. 그의 마음과 그의 집은 걸인이건, 장애인이건, 왕이건 상관없이, 들어오는 모든 이에게 열려 있다."[45] 이러한 무조건적 환대는 친구에게서 '두번째 자아'[46]를 보려는 친우관계Freundschaft와는 다르다. 무조건적 환대는 "위험스러운 태만함"이다. 결코 자기 자신을 염두에 두지 않기에, 그것은 **자기배려의 실천**이 아니다.

자기중심적 권력을 경제학적 관점에서 보면, 이방인과 타자를 바라보는 시선이 어째서 저 막강한 성주城主를 유쾌하게 하는지 설명할 수 없다. 이 시선은 정복의 의도를 가진 시선이 아니다. 마찬가지로 힘 있는 자가 어째서 자신의 성을 감옥처럼 느끼는지도 설명할 수 없다. 도대체 무엇이 그로 하여금 자기 자신으로부터 눈을 돌려 타자를 바라보고, 이방인을 향해 자신의 시선을 완전히 개방하도록 하는가? 무엇이 권력을 쥔 자로 하여금 귀족적 친절함을 넘어서, 경계가 없고 무조건적인 비대칭적 친절함으로 나아가게 하는가?[47] 자기중심

---

45) Friedrich Nietzsche, *Nachgelassene Fragmente 1885~1887*, KSA 12, S. 67.
46) Aristoteles, Eugen Rolfes & Günther Bien 편 · 역, *Nikomachische Ethik*, Hamburg, 1985, S. 217을 바탕으로 참조.
47) 이러한 경계 없는 친절함은 교환 원리에 근거한 소통적 친절함과도 대립된다.

적 권력이 어떻게 스스로에게서 이 모든 친절함을, 이타성을
산출해낼 수 있는가?

니체는 이 친절함을 권력에, 구체적으로 말해 "넘쳐흐르려
는 권력"[48]에 귀착시키는데 이는 문제가 있다. 니체에게 관대
함Freigebigkeit은 "넘쳐흐르는 권력이 산출해낸 충동"이다.[49]
따라서 니체에게는 권력의 자기중심적 특징이 문제시되지 않
는다. 그에게 권력자의 도덕이 지닌 본질적 특징은 "자기예
찬Selbst-Verherrlichung"[50]이다. 하지만 "베풀고 싶어 하는 풍

소통적 "기술"로서의 친절함은 "자신의 견해나 기대의 표현을 적절한 순간이
올 때까지 미룰 수 있는" "능력"이다. 그 순간까지의 시간은 "결국 자신에게
유리한 방식으로 타자의 이야기에 귀를 기울이면서 채워진다." 소통적 친절함
은 "타자의 자기묘사를 보장하면서 적절한 시기에 자신의 기대를 배치하는 원
리"에 의해 이끌어진다. 체계 이론적으로 말하자면, 소통적 친절함은 "형식적
체계에 유연하게 적응"하는 데 기여한다(Niklas Luhmann, *Funktionen und
Folgen formaler Organisation*, Berlin, 1995, S. 361 이하). 타자가 좋은 모
습을 만드는 것을 도와주는 한, 다시 말해 그 타자의 자기묘사가 성공하도록
해주는 체계는 '친절하다.' '친절한 자'는 "타자가 드러내고 싶어 하는 모습대
로 그를 대해주는" 사람이다. 전략으로서의 친절함이란 "A가 파트너인 B가 필
요로 하는 사람으로 자신을 드러내고, B 또한 A에게 그런 사람으로 자신을 드
러내려는 태도이다"(Niklas Luhmann, *Rechtssoziologie*, Opladen, 1987, S.
34). 따라서 기술로서의 소통적 친절함이란 비대칭적 구조가 아니다. 친절한
자는 자기 자신의 기대나 견해, 다시 말해 자기 자신을 소통적 교환의 장에 내
놓을 적절한 순간을 엿보고 있는 것이다. 타자로 하여금 성공적인 자기묘사를
하도록 도와주는 수동적 혹은 능동적인 듣기는 자신의 묘사를 위한 우회로인
것이다. 따라서 소통적 친절함이란 결국 자기배려로 담지되는 교환 행위이다.

48) Friedrich Nietzsche, *Jenseits von Gut und Böse*, KSA 5, S. 209.
49) 같은 책, S. 210.
50) Friedrich Nietzsche, *Nachgelassene Fragmente 1882~1884*, KSA 10, S. 508.

요로움의 의식"이 정말로 자기예찬에 근거할 수 있을까? 자기예찬을 근거로 하는 지향성은 모든 베풂을 재전유할 것이다. 권력자는 자기 권력의 표현인 베풂 속에서 만족을 얻는다. 사면赦免은 이러한 의미에서 권력자의 자아와 권력에 대한 최고의 수긍이다. 그는 베풀면서 자기 자신을 향유한다. 하지만 이러한 자기 향유는 "넘쳐흐름"을 불가능하게 만든다. 그것은 오히려 자아가 넘쳐 범람하게 한다. 이 '범람'이 자신으로의 회귀의 불가능성을 규정하는 것이다.

니체는 "천민"과 "전제폭군Gewalt-Herrischen"을 고귀한 인간과 대립시킨다. "그 때문에, 오, 형제들이여, 모든 천민과 모든 전제폭군에 대적하는 적대자로서 새로운 서판에 '고결'이란 말을 써넣을 그런 새로운 귀족이 출현해야겠다."[51] 여기에서 니체는 고귀한 권력과 전제폭군적 권력을 구분한다. 이러한 구분은 권력 그 자체가 고결한 것이 아니라는 사실을 전제한다. 권력자가 천민적인 것을 벗고 고결함의 아우라로 자신을 에워싸는 것은 권력의 효과가 아니다. 권력은 **그 자신으로부터는** 고귀한 자들을 특징짓는 "넘쳐흐름"의 상태로 넘어갈 수 없다. 권력에 내재하는 욕구로 인해 권력은 결코

51) Friedrich Nietzsche, *Also sprach Zarathustra*, KSA 4, S. 254. 〔한국어판 『차라투스트라는 이렇게 말했다』, 정동호 옮김, 책세상, 2000, 335쪽〕.

"충만함의 감정"을 불러낼 수 없을 것이기 때문이다. 충만함 혹은 넘쳐흐름은 권력 축적을 통해 생겨나지 않는다. 오히려 권력은 언제까지나 결핍의 감정으로부터 자유로울 수 없을 것이다.

아무리 "넘쳐흐름"의 상태에 있어도 권력만으로는 영혼을 저 "환대밖에 모르는" "위험스러운 태만함"으로 나아가게 할 수 없다. 자기중심적 본성 때문에 권력은 "누구에게나" 대문을 열어두는 경계 없는 환대를 할 수 없기 때문이다. 니체는 **자아**의 경제학을 좇는 환대가 어떠한 것인지를 아주 잘 알고 있다. "환대. 환대의 풍습이 갖는 의미는 타인의 마음 안에 깃들어 있는 적의를 마비시키는 것이다. 사람들이 타인을 더 이상 적으로 느끼지 않을 때 환대는 줄어든다. 악의적인 전제가 강할수록 환대도 거창해진다."[52]

친절함은 권력에 내재된 속성이 아니다. 권력이 **자신에게 가능한 정도를 넘어서까지 매개하려면**, 권력은 **자기 자신이 아닌 것**에 의해 **촉발되어야** 한다. 친절함은 매개이기도 하다. 아니,

---

52) Friedrich Nietzsche, *Morgenröte*, KSA 3, S. 228. 〔한국어판 『아침놀』, 박찬국 옮김, 책세상, 2004, 289쪽〕. 홉스 또한 관대함을 경제학적으로 설명한다. "관대함과 결부될 경우 부유함도 권력이다. 그건 부유함이 누군가에게 기쁨이나 하인을 마련해주기 때문이다. 하지만 관대함이 없다면 그렇지 못하다. 그럴 경우 부유함은 사람들을 보호해주지 않으며, 사람들을 질투의 표적으로 만들기 때문이다"(Thomas Hobbes, *Leviathan*, S. 69 참조).

하나의 강렬한 매개이다. 하지만 친절함에는 권력의 지향성이 결여되어 있다. 다시 말해 주관성의 "정점"이 결여되어 있다는 말이다. **친절한 장소**는 다음과 같은 점에서 권력의 장소와 구분된다. 친절한 장소는 개별자 또는 부차적인 것을 오로지 자신의 연속성만을 위해 지각하는 대신, 그들의 본질 속에서 드러나게 한다. 친절함의 장소화는 권력의 장소화를 넘어선다. 그렇게 함으로써 친절함은 **폐기 공간**을 만들지 않는다. 친절함은 끊임없이 권력을 위협하는 **탈장소화**Entortung에 대립적인 영향을 미친다.

권력이 자신의 "넘쳐흐름" 속에서 무조건적인 "환대"로 드러나는 곳에서도, 권력은 **자신의 타자**와 경계를 긋는다. 그렇게 되면 권력은 자신 속에 **자기 지양**을 함축하는 일종의 초권력이 된다. 그로부터 자신으로의 회귀, 자기 의욕에 의해 재전유될 수 없는 경계 없는 베풂이 나온다. 어떠한 **의식이나 의도도 없이 일어나는** 그 베풂은 경계 없는 친절함이며, 그 친절함은 심지어 타자에 대한 배려나 타자를 위한 행위보다 **먼저** 일어날 것이다.

『권력에의 의지』를 저술한 비상한 철학자 니체에게서 우리가 주목하고 귀 기울여야 할 것은, 그가 권력과 의지의 타자를 불러내는 대목이다. "창문 밖에는 생각을 풍요롭게 해주는 가을이 맑고도 따스한 햇볕 속에 머물고 있다네. 나는 그

북쪽의 가을을 가장 친한 친구들만큼이나 사랑하지. 그 가을
이 그렇게 성숙하게 그리고 아무 바람도 없이 무의식적이기
때문이야. 〔……〕 바람이 불지 않는데도 나무에서 과실이 떨
어지네. 〔……〕 너무도 고요히 땅으로 떨어져 우리를 행복하
게 하지. 그 과실은 아무것도 욕구하지 않으면서 자신의 모든
것을 내주고 있지 않나."[53] 여기에서 불러낸 것은 바람도 없
이 무의식적으로 존재하는, 나아가 자기도, **이름**[54]도, 욕구도
없는 **그냥 있음**Da이다. 푸코에 따르면 "자아의 윤리학과 자아
의 미학"이어야 할 니체의 "권력 의지"의 철학은 **무명**無名**의 학**
Nemologie으로, **아무도 아닌 자**의 윤리학과 미학으로, 의도도
바람도 없는 친절함[55]으로 귀결된다. 니체는 자기 자신을 선사

---

53) Friedrich Nietzsche, "Brief an F. Rhode vom 7. Oktober 1869", Renate Müller-Buck 외 편, *Briefwechsel. Kritische Gesamtausgabe*, Abt. 2, *1869~1879*, Bd. 1, *Briefe April 1869~Mai 1872*, Berlin 등, 1977, S. 61 이하 참조.

54) 이름 없이는 어떤 권력도 생겨나지 않는다. '신'이란 이름 그 자체이다. 아무도 아닌 자는 권력을 갖고 있지 않다. 권력이란 누군가Jemand의 현상이다. "언제나 주고 베풀면서 그때마다 자신의 얼굴을 보여주는 것은 아량이 매우 부족한 것이다. 주고 베풀되 자신의 이름과 호의를 감추라! 아니면 자연처럼 **어떠한 이름도 갖지 말라!** 자연에서 우리는 마침내 베풀고 주는 사람과 더 이상 마주치지 않고 '자비로운 얼굴'과도 더 이상 마주치지 않지만, 바로 이것이 다른 모든 것보다 더 우리의 원기를 북돋운다! 물론 그대들은 이렇게 얻은 원기마저 미련하게 잃어버리고 만다. 그대들은 이러한 자연 안에 신을 밀어 넣었기 때문이다. 이와 함께 모든 것이 다시 부자유하고 불안하게 되었다!" (Friedrich Nietzsche, *Morgenröte*, KSA 3, S. 279. 〔한국어판 『아침놀』, 355~56쪽〕. 강조는 저자).

55) 목적 없는 친절함의 윤리학은 '바람도 없이 무의식적으로' 과실이 떨어지고, 우

제5장 권력의 윤리학

해버리라고, 자신을 **아무도 아닌 자**로 비워버리라고 요구하는
저 신의 목소리를 들었음에 틀림없다.

　그대의 넘쳐흐름을 선사하고 싶고, 다 선사해버리고 싶어
하는 그대여.
　그대 자신이 쓸모없을 정도로 넘쳐흐르는 자이니,
　풍요한 그대여, 지혜롭게
　우선 너 자신을 내어주어라, 오오 차라투스트라여![56]

리를 행복하게 하는 저 자연성, 저 고요함 혹은 무명성Niemandigkeit을 알고
있다. 그러한 점에서 이 윤리학은 강한 "이타성"이 모든 고요함을 중단시키는
레비나스의 윤리학과 대립된다.
56) Friedrich Nietzsche, *Dionysos-Dithyramben*, KSA 6, S. 409. 〔한국어판 『디
오니소스 송가』, 니체전집 15, 백승영 옮김, 책세상, 2002, 512쪽(번역 일부
수정)〕.

일반적으로 권력은 우리에게 군사 쿠데타, 사회 민주화의 요구에 대한 폭력적 진압, 또는 민중들의 봉기로 비참한 최후를 맞이한 독재자의 모습으로 가시화된다. 여기에서 권력은 군대라는 무력을 통해 '접수'할 수 있는 어떤 지위, 또는 사람들을 폭력적으로 진압하고서도 처벌받지 않을 수 있는 어떤 힘을 가진 강력한 지배자 같은 것으로 보인다. 이러한 방식으로만 권력을 경험한 사람은 권력이란 본래 그렇게 작동하는 것이라고 여기게 마련이다. 최근 세계의 관심 대상이 된 리비아의 독재자 카다피의 경우도 마찬가지다. '42년간의 철권통치' 등의 표현에서도 나타나듯이 권력이란 사람들의 자유는 물론, 그들의 의지를 폭력적 위협수단을 통해 억눌러서 유지되고 작용하는 것이라고 여겨지는 것이다. 하지만 이러한 종류의 권력에 대해 생각할 때마다 드는 의문이 있다. 정말 이런 잣대만으로 무려 42년간이나 한 국가를 지배한 카다피 독재 같은 권력 현상을 설명할 수 있을까? 절대다수의 의지를 폭력적인 방식으로 억누르고 억압하는 권력만 가지고 그렇게 오랜 기간 통치할 수 있었던 것일까? 거기에는 그와는 다르게 작동하는 권력이, 폭력적 권력과는 다른 권력의 작동방식이 존재했던 것은 아닐까? 권력이 작용하고 유지되는 데는 그저 죽이고, 억압하고, 금지하기만 하는 폭력적 억압과는 다른 메커니즘이 작용하고 있는 것은 아닐까? 권력을 지배, 금지, 억압으로만 이해하려는 고집스러운 시선은, 어쩌면 권력이 마련해준 행위의 가능성 속에서 살아왔던 우리 자신을 부인하려는 욕망에서 나오는 것은 아닐까?

한병철 선생의 책 『권력이란 무엇인가』는 권력에 대한 이러한 의문들에 사유의 땔감을 제공해준다. 이 책은 사람들 사이에 팽배해 있는, '명령하고 금지하는 권력'이라는 이해가 권력이라는 복합적 현상을 설명하기에는 턱없이 부족하다는 사실에서 출발한다. 저자는 권력이 갖는 생산적 차원, 무엇인가를 생성하고, 조직하고, 살아가게 하는 권력의 긍정적 positive 측면을 보여줌으로써 권력의 본모습에 더 가까이 다가가고자 한다. '권력의 논리' '권력의 의미론' '권력의 형이상학' '권력의 정치학' '권력의 윤리학'이라는 주제로 권력의 다양한 측면을 일별하는 가운데 헤겔, 니체, 하이데거, 슈미트, 바타유, 푸코, 데리다, 루만, 하버마스, 아렌트 등의 권력 이론들이 비판적으로 소개된다.

1장 권력의 논리는 기존의 권력 이론이 갖는 한계를 지적하는 데서 출발한다. 권력을 자신의 의지에 반해 특정 행동을 강제하는 힘으로만 이해하는 것은 정신적 유기체인 인간에게 발휘되는 권력의 복잡성을 설명하지 못한다. 권력 작용은 이보다 복잡하다. 권력은 무엇보다 '타자 안에서 자아의 연속성'을 창출해내려는 의지이며, 이는 그 타자에 대한 단순한 억압이나 폭력만으로는 성립할 수 없다. 그를 위해서는 타자의 행위가 펼쳐질 공간을 부여해주어야 한다. 타자의 행위가 펼쳐지는 공간을 부여한다는 것은, 권력이 그 안에 존재하는 것들을 일정한 방식으로 관계 맺게 함으로써 거기에 의미를 부여하는 것이기도 하다.

2장 권력의 의미론에서는 이러한 의미 부여를 통해, 사물들을 해석하는 의미 지평을 만들어냄으로써 사물들이 의미를 갖게 하는 권력 작용이 논의된다. 이러한 의미화 작용을 통해 권력은 의미화의 가능성을 아예 파괴해버리는 폭력과 구별되는 것이다. 권력은 타자를 완전히 억누르거나 무화시키는 폭력이 아니라, 오히려 타자라는 부정적 긴장감을 관통하여 자신을 연속시킴으로써 타자를 장악한다.

모든 타자에게서 자신을 연속시키려는 자기중심성으로 인해 권력은 타자와 자아의 경계를 지양하지 못한다. 이러한 권력의 자기중심성이 부각되는 **3장 권력의 형이상학**에서는 자신에게 회귀하려는 지향성이 없는 종교적 연속성, 타자를 향해 자아의 경계를 열어놓는 친절함Freundlichkeit의 철학적 가능성이 제기된다.

4장 권력의 정치학에서는 주로 하버마스의 권력 개념을 비판적으로 다룬다. 상호이해를 지향하는 소통행위를 사회적 관계의 이상으로 설정하는 소통이론적 권력 모델에서는 자신의 이해관계를 관철하려는 전략적 행위는 소통을 억압하는 폭력의 원천으로 이해된다. 저자는 이것이 현실적인 권력의 모습을 제대로 파악하지 못하게 한다고 말한다. 권력은 폭력과 구별되지만 거기에는 전략적 행위가 구성적 계기로 포함되어 있다. 우리는 권력이 순수하게 상호이해 지향적이지만은 않다는 것을 인정한 바탕 위에서만, 권력들 사이의 균형을 찾기 위한 현실적 정치 행위를 제대로 인식할 수 있다. 권력은 기본적으로 자기중심적이다. 권력의 시선은 기본적으로 자기 자신만을 향한다. 그렇기에 권력 그 자체로부터는 다수적인 것, 다종적인 것, 다양한 것에 대한 호의가 나오지 않으며, 이로부터 권력의 윤리(학)에 대한 요구가 생겨난다.

5장 권력의 윤리학은 앞에서 살펴본 권력의 긍정성을 활성화하면서도 권력의 이러한 자기중심성을 극복할 방법을 찾는다. 그것은 '아무 구별도 없이 모든 것을 환영하는' '자신을 염두에 두지 않는 친절함'이다.

이 책을 통해 처음으로 한국에 소개되는 저자 한병철 선생은 독특한 이력을 가진 철학자다. 한국에서 태어나 국내 대학에서 '금속공학(!)'을 전공한 그는 졸업 후 독일 프라이부르크와 뮌헨에서 철학, 독일 문학, 가톨릭 신학을 공부했다. 1994년 하이데거에 대한 논문으로 박사학위를 받고, 2000년에는 스위스 바젤 대학에서 데리다에 관한 논문으로 교수 자격을 획득한 후 독일과 스위스의 여러 대학에서 강의했다. 2010년부터는 카를스루에 조형예술대학에서 철학과 미디어 이론을 가르치고 있다.

한병철 선생이 그동안 독일어로 출간한 책은 20여 권에 이른다. 역사 깊은 레클람 출판사에서 출간된 『권력이란 무엇인가』를 비롯해, 『하이데거의 마음—— 마르틴 하이데거의 기분 개념 *Heideggers Herz. Zum Begriff der Stimmung bei Martin Heidegger*』『죽음의 종류—— 죽음에 대한 철학적 연구*Todesarten. Philosophische Untersuchungen zum Tod*』『하이데거 입문*Martin Heidegger*』『선불교 철학*Philosophie des Zen-Buddhismus*』『죽음

과 타자성*Tod und Alterität*』『하이퍼 문화성── 문화와 지구화 *Hyperkulturalität. Kultur und Globalisierung*』『헤겔과 권력── 친절함에 대한 시도*Hegel und die Macht. Ein Versuch über die Freund-lichkeit*』『시간의 향기── 머무름의 기술에 대한 철학 에세이 *Duft der Zeit. Ein philosoph-ischer Essay zur Kunst des Verweilens*』『피로사회*Müdigkeitsgesell-schaft*』『산채山寨── 중국식 탈 구축 *Shanzhai—Dekonstruktion auf Chinesisch*』『폭력의 위상학 *Topologie der Gewalt*』 등이다. 이 저서들에서도 알 수 있듯이 한병철 선생은 하이데거를 위시로 한 철학사는 물론, 폭넓은 정치·문화·사회적 현상을 철학적 사유의 대상으로 삼고 있으며, 경탄할 만한 부지런함으로 매년 한 권 이상의 책을 펴내고 있다.

한국인 저자가 독일어로 쓴 철학책을 다시 한국어로 옮기는 작업은, 저자와의 개인적 인연으로 인해 번역을 맡게 된 옮긴이에게도 부담스러운 일이었다. 더구나 이 책에 등장하는 수많은 이론과 쉽지 않은 철학적 개념들에 걸맞은 적절한 번역어를 찾아 가독성 있는 한국어 문장으로 만든다는 것은 힘든 일이었다. 이 '번역의 괴로움'을 함께 나누어주었던 고마운 사람들이 있다. 문학과지성사 편집부 최대연 씨의 놀랄 만큼 부지런하고 집요한 꼼꼼함이 없었더라면 이 번역서의 문장은 끔찍함을 면치 못했을 것이다. 저자인 한병철 선생은 바쁜 일정 중에도 번역에 도움이 되는 충고를 해주었다. 이들에게 감사드린다.

2011년 12월, 서울에서

김남시

참고문헌

Agamben, Giorgio, *Homo sacer. Die souveräne Macht und das nackte Leben*, Frankfurt a. M., 2002.

Arendt, Hannah, *Macht und Gewalt*, München, 1970.

———, *Vita activa oder Vom tätigen Leben*, München, 1981.

Bachrach, Peter & Morton S. Baratz, "Two Faces of Power", *The American Political Science Review* 56, 1962, S. 947～52.

Bataille, Georges, Gerd Bergfleth 편(해설), *Theorie der Religion*, München, 1997.

Beck, Ulrich, *Macht und Gegenmacht im globalen Zeitalter. Neue weltpolitische Ökonomie*, Frankfurt a. M., 2002.

Berle, Adolf A., *Macht. Die treibende Kraft der Geschichte*, Hamburg, 1973.

Bourdieu, Pierre, *Die politische Ontologie Martin Heideggers*, Frankfurt a. M., 1976.

———, *Die feinen Unterschiede. Kritik der gesellschaftlichen Urteilskraft*, Frankfurt a. M., 1982.

———, *Sozialer Sinn. Kritik der theoretischen Vernunft*, Frankfurt

a. M., 1987.

───, *Satz und Gegensatz. Über die verantwortung des Intellektuellen*, Berlin, 1989.

───, "Die männliche Herrschaft", Irene Dölling & Beate Krais 편, *Ein alltägliches Spiel. Geschlechterkonstruktion in der sozialen Praxis*, Frankfurt a. M., 1997, S. 153~217.

Burckhardt, Jacob, *Weltgeschichtliche Betrachtungen*, Stuttgart, 1987.

Butler, Judith, *Psyche der Macht. Das Subjekt der Unterwerfung*, Frankfurt a. M., 2001.

Canetti, Elias, *Masse und Macht*, Hamburg, 1960.

Derrida, Jacques, *Schurken. Zwei Essays über die Vernunft*, Frankfurt a. M., 2003.

Dean, Mitchell, *Governmentality. Power and Rule in Modern Society*, London, 2001.

Foucault, Michel, *Überwachen und Strafen. Die Geburt des Gefängnisses*, Frankfurt a. M., 1976.

───, *Mikrophysik der Macht. Über Strafjustiz. Psychiatrie und Medizin*, Berlin, 1976.

───, *Der Wille zum Wissen. Sexualität und Wahrheit 1*, Frankfurt a. M., 1977.

───, *Dispositive der Macht. Über Sexualität, Wissen und Wahrheit*, Berlin, 1978.

───, Helmut Becker 외 편, *Freiheit und Selbstsorge. Interview 1984 und Vorlesung 1982*, Frankfurt a. M., 1985.

───, *Der Gebrauch der Lüste. Sexualität und Wahrheit 2*, Frankfurt a. M., 1989.

───, "Das Subjekt und die Macht", Hubert L. Dreyfus & Paul Rabinow 편, *Michel Foucault. Jenseits von Strukturalismus und Hermeneutik*, Weinheim, 1994, S. 241~61.

French, Marilyn, Cornelia Holfelder-von der Tann 역, *Jenseits der Macht. Frauen, Männer und Moral*, Reinbek, 1985.

Göhler, Gerhard 외, *Institution—Macht—Repräsentation. Wofür politische Institutionen stehen und wie sie wirken*, Baden-Baden, 1997.

──── 편, *Macht der Öffentlichkeit—Öffentlichkeit der Macht*, Baden-Baden, 1995.

Greven, Michael Th. 편, *Macht in der Demokratie. Denkanstöße zur Wiederbelebung einer klassischen Frage in der zeitgenössischen Politischen Theorie*, Baden-Baden, 1991.

Habermas, Jürgen, *Legitimationsprobleme im Spätkapitalismus*, Frankfurt a. M., 1973.

────, *Philosophisch-politische Profile*(증보판), Frankfurt a. M., 1981.

Han, Byung-Chul, *Todesarten*, München, 1998.

────, *Tod und Alterität*, München, 2002.

────, *Philosophie des Zen-Buddhismus*, Stuttgart, 2002.

Handke, Peter, *Versuch über die Müdigkeit*, Frankfurt a. M., 1992.

Hegel, Georg Wilhelm Friedrich, Eva Moldenhauer & Karl Markus Michel 편, *Werke in zwanzig Bänden*, Frankfurt a. M., 1970.

Heidegger, Martin, *Unterwegs zur Sprache*, Pfullingen, 1959.

────, *Wegmarken*, Frankfurt a. M., 1967.

────, *Sein und Zeit*, Tübingen, 1993.

────, *Gesamtausgabe*, Frankfurt a. M., 1975 이하.

Hindess, Barry, *Discourses of Power. From Hobbes to Foucault*, Oxford, 1996.

Hobbes, Thomas, Jutta Schlösser 역, *Leviathan*, Hamburg, 1996.

Hondrich, Karl Otto, *Theorie der Herrschaft*, Frankfurt a. M., 1973.

Honneth, Axel, *Kritik der Macht. Reflexionsstufen einer kritischen Gesellschaftstheorie*, Frankfurt a. M., 1985.

Imbusch, Peter 편, *Macht und Herrschaft. Sozialwissenschaftliche Konzeptionen und Theorien*, Opladen, 1998.

Kantorowicz, Ernst H., *Die zwei Körper des Königs. Eine Studie zur politischen Theologie des Mittelalters*, München, 1990.

Kelly, Michael 편, *Critique and Power. Recasting the Foucault/Habermas Debate*, Cambridge(Mass.) & London, 1994.

Kneer, Georg, *Rationalisierung, Disziplinierung und Differenzierung. Sozialtheorie und Zeitdiagnose bei Habermas, Foucault und Luhmann*, Opladen, 1996.

Lemke, Thomas, *Eine Kritik der politischen Vernunft. Foucaults Analyse der modernen Gouvernementalität*, Berlin & Hamburg, 1997.

Lévinas, Emmanuel, *Jenseits des Seins oder anders als Sein geschieht*, Freiburg & München, 1992.

Likert, Rensis, *Neue Ansätze der Unternehmensführung*, Bern & Stuttgart, 1972.

Luhmann, Niklas, "Klassische Theorie der Macht. Kritik ihrer Prämissen", *Zeitschrift für Politik*, 2, 1969, S. 149~70.

————, *Macht*, Stuttgart, 1975.

————, *Funktionen und Folgen formaler Organisation*, Berlin, 1995.

————, "Macht und System. Ansätze zur Analyse von Macht in der Politikwissenschaft", *Universitas. Zeitschrift für Wissenschaft, Kunst und Literatur 5*, 1977, S. 473~82.

————, *Soziologische Aufklärung 1. Aufsätze zur Theorie sozialer Systeme*, Opladen, 1984.

————, *Soziologische Aufklärung 4. Beiträge zur funktionalen Differenzierung der Gesellschaft*, Opladen, 1987.

————, *Rechtssoziologie*, Opladen, 1987.

Machiavelli, Niccolò, Rudolf Zorn 편·역, *Der fürst*, Stuttgart, 1978.

Mann, Michael, *Geschichte der Macht*, Bd. 1, *Von den Anfängen bis zur Griechischen Antike*, Frankfurt a. M. & New York, 1990.

————, *Geschichte der Macht*, Bd. 2: *Vom Römischen Reich bis zum Vorabend der Industrialisierung*, Frankfurt a. M. & New York, 1991.

Miller, Peter, *Domination and Power*, London & New York, 1987.

Morgan, Ivor, *Power and Politics*, London, 1999.

Morris, Peter, *Power. A Philosophical Analysis*, Manchester, 1987.

Nietzsche, Friedrich, Renate Müller-Buck 외 편, *Briefwechsel. Kritische Gesamtausgabe*, Bd. 2.1, Berlin 외, 1977.

───, Giorgio Colli & Mazzino Montinari 편, *Sämtliche Werke. Kritische Studienausgabe*, 15 Bde, München, Berlin & New York, 1988. [KSA.]

Parsons, Talcott, Stefan Jensen 편, *Zur Theorie der sozialen Interaktionsmedien*, Opladen, 1980.

Plessner, Helmuth, Günter Dux 외 편, *Macht und menschliche Natur. Gesammelte Schriften*, Bd. 5, Frankfurt a. M., 1981.

Popitz, Heinrich, *Phänomene der Macht. Autorität, Herrschaft, Gewalt, Technik*, Tübingen, 1986.

Ptassek, Peter 외, *Macht und Meinung. Die rhetorische Konstitution der politischen Welt*, Göttingen, 1992.

Röttgers, Kurt, *Spuren der Macht*, Freiburg & München, 1990.

Russell, Bertrand, *Macht. Eine sozialkritische Studie*, Wien & Zürich, 1973.

Schmitt, Carl, *Der Nomos der Erde im Völkerrecht des Jus Publicum Europaeum*, Berlin, 1950.

───, *Politische Theologie. Vier Kapitel zur Lehre von der Souveränität*, Berlin, 1985.

───, *Gespräche über die Macht und den Zugang zum Machthaber. Gespräch über den Neuen Raum*, Berlin, 1994.

Sofsky, Wolfgang, *Traktat über die Gewalt*, Frankfurt a. M., 1996.

───, *Die Ordnung des Terrors. Das Konzentrationslager*, Frankfurt a. M., 1997.

Tillich, Paul, "Das Problem der Macht. Versuch einer philosophischen Grundlegung", Renate Albrecht 편, *Gesammelte Werke*, Bd. 2: *Christentum und soziale Gestaltung*, Stuttgart, 1962, S. 193~208.

───, "Philosophie der Macht", Renate Albrecht 편, *Gesammelte*

Werke, Bd. 9: *Die religiöse Substanz der Kultur. Schriften zur Theologie der Kultur*, Stuttgart, 1967, S. 205~32.

Weber, Max, *Wirtschaft und Gesellschaft*, 1, Halbband, Tübingen, 1976.

Zenkert, Georg, "Hegel und das Problem der Macht", *Deutsche Zeitschrift für Philosophie 43*, 1995, S. 435~51.

찾아보기